# JE VIENS CUISINER
# CHEZ VOUS

PHOTOGRAPHIES : PIERRE-LOUIS VIEL
STYLISME ET RÉALISATION DES RECETTES : VALÉRY DROUET
ÉDITRICE : POM BESSOT
CONCEPTION GRAPHIQUE : CORINNE LIGER
ASSISTANTE ÉDITORIALE : ALIX DE SANDERVAL
PRODUCTION : BRIGITTE TRICHET


23, rue du Cherche-Midi
75 006 Paris

LUANA BELMONDO

# JE VIENS CUISINER CHEZ VOUS

illustrations de Diglee

cherche midi

## OUI, JE VIENS CUISINER CHEZ VOUS !

OU PRESQUE, CAR JE VAIS VOUS LIVRER DES RECETTES QUE JE CONCOCTE POUR MES AMIES, J'ADORE CUISINER POUR LES GENS QUE J'AIME, ET DONC POUR ELLES.
J'INVENTE DES MENUS QUI CORRESPONDENT À LEUR MODE DE VIE, À LEUR TEMPÉRAMENT, À LEURS GOÛTS CULINAIRES POUR UNE OCCASION PARTICULIÈRE OU NON.
QU'ELLES SOIENT AU RÉGIME, VÉGÉTARIENNES, AMOUREUSES, EN PANNE D'IDÉES POUR UN DÉJEUNER FAMILIAL, UN « HAPPY HOUR » OU UNE « LUNCH BOX », JE ME RÉJOUIS TOUJOURS DE VENIR CUISINER CHEZ ELLES ET DE LEUR FAIRE DÉCOUVRIR DES PLATS SPÉCIALEMENT CONÇUS POUR ELLES.

C'EST DONC UN PEU COMME SI JE VENAIS CUISINER CHEZ VOUS CAR JE PARIE QUE VOUS VOUS RECONNAÎTREZ DANS L'UNE D'ENTRE ELLES, N'EST-CE PAS ?

ENFIN, CE LIVRE EST L'OCCASION DE LEUR FAIRE UN CLIN D'ŒIL D'AMITIÉ GOURMANDE CAR CE SONT ELLES QUI M'ONT INSPIRÉE.

BUON APPETITO !

# MA COPINE EST TOUJOURS au RÉGIME

# MAIS ELLE EST super gourmande, je vais lui faire des choses simples et légères.

MA COPINE VÉRONIQUE EST DÉCORATRICE D'INTÉRIEUR. SON MARI, UN AMI PROCHE DE PAUL, EST ARTISTE. ENSEMBLE, ILS ONT EU DEUX MAGNIFIQUES FILLES.

DEPUIS PLUS DE VINGT ANS, NOUS PASSONS PRESQUE TOUTES NOS VACANCES ENSEMBLE, ET J'AI TOUJOURS CONNU VÉRONIQUE FAISANT TRÈS ATTENTION À SA LIGNE. CE QUI NE L'EMPÊCHE PAS D'ÊTRE GOURMANDE. ELLE EST CORSE ET ELLE AIME LES PRODUITS DE QUALITÉ ET LA CONVIVIALITÉ AUTOUR D'UN BON REPAS.

POUR MA PART, J'AI ÉTÉ ÉLEVÉE DANS UNE FAMILLE OÙ LE PLAISIR DE MANGER L'EMPORTE SUR LES RESTRICTIONS. MA MÈRE, QUI ADORE FURETER DANS LE RÉFRIGÉRATEUR À LA RECHERCHE DE QUELQUE INGRÉDIENT, ME PRÉPARE SOUVENT DES PETITS PLATS EXTRAORDINAIRES SANS JAMAIS SE SOUCIER DES CALORIES.

IL N'EMPÊCHE QUE, POUR VÉRONIQUE, J'ADORE INVENTER DES RECETTES SIMPLES, LÉGÈRES MAIS SAVOUREUSES. CAR LE GOÛT PASSE AVANT TOUT !

# ROLLS FROIDS DE LAITUE À LA FAUSSE MAYONNAISE

Pour **4 personnes**

Préparation : **15 min**
Cuisson : **13 min**

- 1 laitue romaine
- 200 g de carpaccio de bœuf
- 1 citron
- 1 cuillerée à soupe de moutarde
- 1 carotte
- 1 pomme de terre
- 50 g de petits pois
- 1 œuf dur
- 10 cl d'huile de tournesol
- 2 cuillerées à soupe d'huile d'olive
- 5 cl de lait de soja
- Quelques brins de ciboulette
- Sel, poivre du moulin

× Effeuillez, lavez la salade, retirez la partie dure de chaque feuille.

× Épluchez la carotte et la pomme de terre, coupez-les en petits cubes.

× Faites-les cuire 10 min dans une casserole d'eau bouillante salée.

× Ajoutez les petits pois, laissez cuire encore 3 min puis rafraîchissez les légumes dans l'eau froide.

× Mixez la moutarde dans un bol avec l'huile de tournesol, le lait de soja, du sel et du poivre.

× Hachez l'œuf dur, mélangez-le dans un récipient avec les légumes égouttés et la fausse mayonnaise.

× Déposez les tranches de carpaccio sur les feuilles de salade.

× Badigeonnez-les avec l'huile d'olive, zestez le citron dessus puis déposez-y les légumes.

× Roulez les feuilles de salade et maintenez le tout avec des brins de ciboulette. Dégustez bien frais.

# BALLOTTINE DE BLANC DE POULET FARCI, ENDIVES BRAISÉES À L'ORANGE

Pour **4 personnes**

Préparation : **40 min**
Cuisson : **30 min**

- 4 blancs de poulet
- 4 endives
- 2 carottes
- 8 grandes feuilles d'épinard
- 1 échalote
- 1 belle cuillerée à soupe de quatre-épices
- 15 cl de jus de veau
- Le jus et les zestes d'une orange bio
- 2 cuillerées à soupe de sirop d'érable
- 3 cuillerées à soupe de sauce d'huître
- 1 cuillerée à café de gingembre frais râpé
- Quelques brindilles de romarin et quelques brins de cerfeuil
- 2 cuillerées à café de sucre semoule
- 5 cl d'huile d'olive
- Sel, poivre du moulin

× Épluchez et hachez l'échalote, épluchez et coupez les carottes en petits cubes.

× Faites-les fondre 3 min dans une poêle avec la moitié de l'huile d'olive. Salez, poivrez, ajoutez un petit verre d'eau et les brindilles de romarin. Laissez cuire 15 min sur feu doux.

× Ajoutez le sirop d'érable, laissez légèrement caraméliser puis refroidir.

× Retirez les tiges des feuilles d'épinard, lavez-les et plongez-les 20 secondes dans l'eau bouillante. Égouttez-les.

× Aplatissez les blancs de poulet entre deux feuilles de papier film en tapant dessus avec le cul d'une casserole.

× Déposez chaque blanc de poulet sur un grand rectangle de papier film. Saupoudrez-les de quatre-épices, salez, poivrez.

× Déposez une feuille d'épinard sur chaque blanc et répartissez les cubes de carotte caramélisés dessus.

× Roulez délicatement les blancs de poulet. Remettez une couche de papier film et nouez les extrémités en serrant fortement.

× Faites pocher les blancs de poulet 10 à 15 min dans une casserole d'eau frémissante.

× Nettoyez les endives, coupez-les en quatre. Faites-les revenir dans une poêle avec le reste de l'huile d'olive. Salez, poivrez.

× Ajoutez une cuillerée à café de sucre, laissez cuire 15 min sur feu moyen en les retournant à mi-cuisson.

× Réduisez de moitié le jus d'orange dans une casserole avec une cuillerée de sucre et le gingembre.

× Ajoutez le jus de veau et la sauce d'huître, laissez bouillir 5 min sur feu vif.

× Retirez les papiers film des blancs de poulet.

× Coupez les blancs en tranches, servez avec les endives et la sauce.

× Décorez avec les zestes d'orange et les brins de cerfeuil.

# LASAGNES AUX ÉPINARDS

Pour **4 personnes**

Préparation : **15 min**
Cuisson : **30 min**

- 200 g de pâte à lasagne
- 220 g de ricotta
- 400 g d'épinards crus surgelés
- 120 g de parmesan râpé
- 40 cl de lait de soja
- 20 g de beurre pour le plat
- 2 pincées de noix de muscade râpée
- Sel, poivre du moulin

× Préchauffez le four à 200 °C, thermostat 6-7.

× Beurrez un plat à gratin.

× Faites cuire les épinards 5 min dans une casserole d'eau bouillante salée.

× Égouttez-les puis rafraîchissez-les sous l'eau froide. Pressez-les ensuite entre vos mains pour en extraire tout le jus.

× Mixez-les dans un récipient à l'aide d'un mixeur à bras avec la ricotta, le lait de soja, du sel et du poivre.

× Déposez une couche de pâte à lasagne crue dans le fond du plat à gratin.

× Versez un peu de préparation dessus puis saupoudrez légèrement de parmesan.

× Recommencez l'opération jusqu'à épuisement des ingrédients en terminant par les épinards, le parmesan et la noix de muscade.

× Mettez les lasagnes à cuire 25 à 30 min au four.

Servez bien chaud.

NATURAL
Lu'ana
+ 32 RECETTES MINCEUR

# GNOCCHI DE POULET EN BOUILLON

Pour **4 personnes**

Préparation : **20 min**
Cuisson : **20 min**

- 4 blancs de poulet
- 1,5 l de bouillon de volaille
- 120 g de crème liquide légère
- 70 g de petits pois frais
- 70 g de fèves fraîches
- 12 petites asperges vertes
- 2 carottes nouvelles
- 2 oignons frais
- 2 œufs
- 10 g de beurre pour le plat
- 1 branche de thym
- Sel, poivre du moulin

× Préchauffez le four à 120 °C, thermostat 3.

× Coupez les blancs de poulet en morceaux.

× Mettez-les dans la cuve d'un robot avec les œufs, la crème, du sel et du poivre. Faites tourner 3 à 4 min pour obtenir une farce lisse.

× Beurrez un plat allant au four.

× Remplissez une poche munie d'une douille unie avec cette farce.

× Formez des gnocchi de 2-3 cm dans le plat beurré et versez-y de l'eau à mi-hauteur.

× Mettez-les à cuire 15 à 20 min au four.

× Pendant ce temps, épluchez, lavez et coupez les carottes en rondelles.

× Nettoyez et coupez en tronçons les asperges, nettoyez et hachez les oignons.

× Portez le bouillon de volaille à ébullition dans une casserole, salez, poivrez et ajoutez la branche de thym.

× Ajoutez les oignons, les carottes, les fèves et les petits pois. Faites cuire 8 à 10 min puis ajoutez les tronçons d'asperge, laissez cuire encore 3 à 4 min.

× Déposez les gnocchis dans le fond d'assiettes creuses, versez le bouillon et les légumes dessus et servez aussitôt.

# FILETS DE SAUMON EN CROÛTE DE CORN FLAKES, MOUSSE DE BETTERAVE AU GINGEMBRE

Pour **4 personnes**

Préparation : **35 min**
Cuisson : **20 min**

- 800 g de filet de saumon sans peau et sans arêtes
- 60 g de moutarde à l'ancienne
- 80 g de corn flakes
- 1 betterave cuite de 200 g environ
- 50 g d'amandes entières
- 1 branche de thym frais
- 2 cuillerées à soupe de jus de citron
- ½ cuillerée à café de gingembre frais en tranches
- 8 cl d'huile d'olive
- Sel, poivre du moulin

× Épluchez la betterave, coupez-la en morceaux.

× Mettez-la dans la cuve d'un robot hachoir avec les amandes, le jus de citron, le gingembre, du sel et du poivre.

× Mixez puis ajoutez l'huile d'olive tout en continuant de remuer pour obtenir une crème onctueuse.

× Réservez-la au frais. Préchauffez le four à 180 °C, thermostat 6.

× Broyez les corn flakes, mélangez-les avec les brindilles de thym.

× Assaisonnez le filet de saumon. Badigeonnez-le de moutarde à l'ancienne puis roulez-le dans les corn flakes.

× Déposez-le dans un plat allant au four, puis mettez-le à cuire 15 à 20 min.

× Sortez le saumon du four, laissez reposer 5 min puis coupez-le en quatre tranches épaisses et servez avec la mousse de betterave.

# PENNE COMPLÈTES AUX AUBERGINES ET À L'ESPADON

Pour **4 personnes**

Préparation : **10 min**
Cuisson : **20 min**

- 400 g de penne complètes
- 2 aubergines
- 400 g de filets d'espadon
- 200 g de tomates cerises
- 150 g de ricotta sèche
- 2 gousses d'ail
- 8 cl d'huile d'olive
- 1 bouquet de persil et menthe fraîche mélangé
- Sel, poivre du moulin

× Lavez et coupez les aubergines en petits cubes, mettez-les dans une passoire avec un peu de sel pendant 20 min pour les faire dégorger.

× Rincez-les rapidement sous l'eau froide, épongez-les dans un torchon propre puis faites-les rissoler dans une poêle avec 5 cl d'huile d'olive.

× Mettez les penne à cuire dans une grande casserole d'eau bouillante salée le temps indiqué sur le paquet.

× Coupez l'espadon en petits morceaux.

× Épluchez et hachez les gousses d'ail. Faites-les rissoler 3 min dans une poêle avec le reste de l'huile d'olive.

× Ajoutez les morceaux d'espadon, salez, poivrez, laissez rissoler 5 min sur feu vif.

× Ajoutez les tomates cerises lavées et coupées en deux, laissez cuire encore 2 min puis mélangez le tout avec les aubergines.

× Égouttez les pâtes, mélangez-les avec la préparation.

× Répartissez dans les assiettes, parsemez de ricotta râpée et d'herbes fraîchement ciselées.

# MOUSSE DE YOGOURT À LA PAPAYE

Pour **4 personnes**

Préparation : **15 min**
Réfrigération : **3 h**
Pas de cuisson

- 500 g de papaye fraîche
- 500 g de yogourt maigre
- 2 cuillerées à soupe de sirop d'agave
- 2 feuilles de gélatine
- 2 blancs d'œufs
- 4 feuilles de menthe

× Mettez les feuilles de gélatine à ramollir dans un bol d'eau froide.

× Épluchez la papaye, retirez les graines. Gardez un morceau pour le décor, mixez le reste à l'aide d'un mixeur à bras pour obtenir un coulis.

× Égouttez la gélatine, faites-la fondre sur feu doux dans une casserole avec la pulpe de papaye.

× Laissez refroidir, ajoutez le sirop d'agave et le yogourt.

× Montez les blancs d'œufs en neige bien ferme, incorporez-les délicatement dans la préparation précédente.

× Versez la mousse dans des verres ou des coupelles.

× Placez-les au frais au moins 3 h.

× Au moment de servir, décorez avec les restes de papaye coupés en tranches et les feuilles de menthe ciselées.

# FROMAGE BLANC AUX FRUITS D'AUTOMNE

Pour **4 personnes**

Préparation : **10 min**
Cuisson : **15 min**

- 2 petites pommes reinettes
- 2 petites poires
- 4 prunes
- 250 g de fromage blanc en faisselle
- 2 cuillerées à soupe de miel
- 40 g d'amandes entières sans peau
- 2 pincées de cannelle
- 1 cuillerée à soupe de cacao amer

× Mettez la faisselle de fromage blanc à s'égoutter.

× Concassez grossièrement les amandes, faites-les griller dans une poêle à sec, laissez refroidir.

× Lavez les fruits, coupez-les en morceaux.

× Mettez-les dans une poêle avec 5 cl d'eau, faites-les cuire 10 min sur feu moyen.

× Ajoutez la cannelle et le miel, laissez cuire encore 5 min.

× Répartissez le fromage blanc égoutté dans des assiettes.

× Déposez les fruits dessus.

× Parsemez d'amandes grillées et de cacao. Dégustez aussitôt.

# VIVE LA FAMILLE
## nombreuse !

# MON AMIE **m'appelle** « au secours » car elle n'a plus d'idées...

YVONNE EST MA VOISINE DEPUIS VINGT ANS MAIS, SURTOUT, JE LA CONSIDÈRE COMME MA GRANDE SŒUR DE CŒUR. D'ORIGINE VIETNAMIENNE ET MARIÉE À UN ITALIEN, ELLE A EU TROIS ENFANTS. ELLE M'A TOUJOURS AIDÉE DANS LA GESTION QUOTIDIENNE DE MA PETITE TRIBU PARFOIS TURBULENTE EN ME PRODIGUANT SES PRÉCIEUX CONSEILS.

AUSSI LOIN QUE JE M'EN SOUVIENNE, LORSQU'ON ME DEMANDAIT CE QUE JE VOULAIS FAIRE PLUS TARD, JE RÉPONDAIS, SANS LA MOINDRE HÉSITATION : « LA MAMMA ! » ARRIVÉE EN FRANCE À L'ÂGE DE 19 ANS, J'AI ÉPOUSÉ PAUL ET, RAPIDEMENT, ALESSANDRO EST NÉ, PUIS VICTOR ET GIACOMO ONT SUIVI. ET J'AI BEAUCOUP APPRIS D'YVONNE !

COMME TOUS LES ITALIENS ET LES VIETNAMIENS, ELLE AIME RÉUNIR LES SIENS AUTOUR D'UN BON REPAS. SOUVENT, EN FIN DE SEMAINE, ELLE INVITE SES ENFANTS, SES BELLES-FILLES ET SES PETITS-ENFANTS... UNE VRAIE FAMILLE NOMBREUSE ! C'EST POURQUOI, BIEN QU'ÉTANT UNE BONNE CUISINIÈRE, ELLE M'APPELLE PARFOIS POUR QUE JE LUI DONNE DES IDÉES DE RECETTES FACILES ET BON MARCHÉ. AINSI, QUAND MON TOUR VIENDRA, JE SERAI PRÊTE !

# POULET DU DIMANCHE AUX AGRUMES, SAUTÉ DE BROCOLIS

Pour **6 personnes**

Préparation : **20 min**
Cuisson : **1 h 30**

- 1 beau poulet bio
- 1 orange bio
- 1 citron bio
- 2 gousses d'ail
- 1 branche de romarin
- 1 branche de thym
- 4 feuilles de sauge
- 2 belles têtes de brocoli
- 3 cuillerées à soupe de pignons de pin
- 3 cuillerées à soupe de raisins secs blonds
- 1 filet d'anchois à l'huile
- 8 cl d'huile d'olive
- Sel, poivre du moulin

× Préchauffez le four à 180 °C, thermostat 6.

× Épluchez et hachez les gousses d'ail. Mixez une gousse d'ail avec toutes les herbes, un filet d'huile d'olive, du sel et du poivre dans la cuve d'un robot.

× Coupez l'orange et le citron en deux, pressez la moitié de chaque.

× Mettez les deux autres moitiés à l'intérieur du poulet avec les herbes hachées.

× Déposez le poulet dans un plat allant au four, arrosez-le avec les jus de citron et d'orange et un filet d'huile d'olive, salez, poivrez. Mettez le poulet à cuire 1 h 30 environ en le tournant et en l'arrosant régulièrement.

× Faites gonfler les raisins dans un bol d'eau tiède.

× Nettoyez les brocolis, coupez-les en petites têtes. Faites-les cuire 3 min dans une casserole d'eau bouillante salée. Égouttez-les et rafraîchissez-les dans l'eau froide.

× Hachez le filet d'anchois. Faites-le revenir 1 min avec la deuxième gousse d'ail hachée dans une poêle avec le reste de l'huile d'olive.

× Ajoutez les brocolis précuits, laissez cuire 5 à 7 min sur feu moyen en remuant puis ajoutez les raisins secs égouttés et les pignons.

× Sortez le poulet du four, coupez-le en morceaux et servez avec les brocolis.

× Arrosez le tout avec le jus de cuisson.

CUCINA

# PASTICCIO DE PÂTES AU FOUR (GRATIN DE PÂTES AU FOUR)

Pour **6 personnes**

Préparation : **30 min**
Cuisson : **40 min**

- 500 g de pâtes courtes mélangées (faites le fond de vos boîtes !)
- 300 g de saucisses de Toulouse
- 300 g de mozzarella
- 6 cuillerées à soupe de parmesan râpé
- 4 cuillerées à soupe de chapelure
- ½ verre de vin blanc
- 1 gousse d'ail
- 1 feuille de laurier
- 5 cl d'huile d'olive
- Sel, poivre du moulin

**Pour la béchamel**

- 1 l de lait
- 100 g de farine tamisée
- 100 g de beurre
- 20 g de cèpes déshydratés
- Sel, poivre du moulin

× Préparez la béchamel. Mixez les cèpes pour les réduire en poudre. Faites fondre le beurre dans une casserole.

× Ajoutez la farine, laissez cuire 3 à 4 min pour obtenir un roux blanc.

× Versez le lait froid dans la casserole. Portez à ébullition en fouettant, ajoutez la poudre de cèpes, laissez cuire 5 à 7 min sur feu moyen tout en remuant sans cesse. Salez, poivrez. Réservez.

× Faites cuire les pâtes *al dente* dans une casserole d'eau bouillante salée. Égouttez-les dans une passoire.

× Préchauffez le four à 180 °C, thermostat 6.

× Ouvrez les saucisses, récupérez la chair.

× Faites revenir la gousse d'ail entière dans une poêle avec l'huile d'olive, la feuille de laurier et la chair des saucisses. Laissez cuire 5 min sur feu vif, ajoutez le vin blanc, du sel et du poivre, laissez évaporer le vin sur feu vif.

× Beurrez un plat à gratin.

× Mélangez les pâtes avec la chair à saucisse, la béchamel et la mozzarella coupée en morceaux. Répartissez la préparation dans le plat à gratin.

× Parsemez la surface avec le parmesan et la chapelure.

× Faites cuire le gratin au four pendant 20 min puis mettez le sur gril et laissez gratiner 5 min. Servez aussitôt.

# PÂTE À PIZZA

Pour **6 personnes**

Préparation : **20 min**
Repos : **1 h**
Cuisson : **20 min**

- 1 kg de farine
- 60 cl d'eau
- 6 cuillerées à soupe d'huile d'olive
- 2 cuillerées à soupe rases de sucre
- 1 cuillerée à soupe de sel
- 20 g de levure de boulanger

✕ Faites dissoudre la levure dans un bol avec un peu d'eau tiède et répétez l'opération dans un autre bol d'eau tiède, mélangez le sucre et le sel.

✕ Versez la farine dans la cuve d'un robot mélangeur équipé d'un crochet.

✕ Versez la levure délayée et le deuxième bol avec le sucre, le sel et l'huile d'olive.

✕ Faites tourner pendant 8 à 10 min à vitesse moyenne jusqu'à ce que la pâte se décolle des parois, qu'elle ne colle plus et soit bien élastique.

✕ Couvrez la pâte avec un torchon humide, laissez-la reposer à température ambiante.

✕ Une fois qu'elle a doublé de volume, pétrissez-la légèrement, puis divisez-la en six boules égales, étalez-les sur le plan de travail fariné et garnissez les pizzas selon votre choix.

# PIZZA MARGHERITA

Pour **6 personnes**

Préparation : **15 min**
Cuisson : **15 min**

- 6 boules de pâte à pizza
- 60 cl de coulis de tomates
- 400 g de mozzarella
- 15 cl d'huile d'olive
- 1 bouquet de basilic frais
- Sel, poivre du moulin

✕ Préchauffez le four à 250 °C, thermostat 8-9.

✕ Étalez les boules de pâte à pizza puis déposez-les sur des plaques de four.

✕ Répartissez le coulis de tomates dessus en laissant 1 cm de pâte sur le bord.

✕ Coupez la mozzarella en tranches, ajoutez-les sur le coulis de tomates.

✕ Salez, poivrez, arrosez-les d'huile d'olive puis mettez les pizzas à cuire 15 min au four.

✕ Sortez les pizzas, déposez les feuilles de basilic dessus et dégustez aussitôt.

# CROUSTILLANT DE DINDE, CONSOMMÉ AUX CHEVEUX D'ANGE

Pour **6 personnes**

Préparation : **40 min**
Cuisson : **1 h 25**

- 2 grosses cuisses de dinde coupées en deux
- Un mélange de chutes de légumes crus pour le bouillon (carotte, oignon, fenouil, courgette, etc.)
- 150 g de cheveux d'ange
- 6 feuilles de brick
- 2 gousses d'ail
- 150 g de pousses d'épinard frais
- 5 cl d'huile d'olive + 2 cuillerées à soupe
- 3 cl de vinaigre balsamique
- 80 g de parmesan râpé
- Sel, poivre du moulin

× Mettez les morceaux de cuisses de dinde dans une casserole avec les légumes, du sel et du poivre.

× Couvrez largement d'eau. Portez à ébullition, couvrez la casserole, laissez cuire 1 h à 1 h 15 environ sur feu moyen.

× Égouttez les cuisses de dinde, laissez-les refroidir. Filtrez le bouillon dans une passoire fine, versez-le dans une casserole propre.

× Préchauffez le four à 180 °C, thermostat 6.

× Réalisez une vinaigrette avec le vinaigre balsamique, 5 cl d'huile d'olive, du sel et du poivre.

× Découpez les feuilles de brick en ronds, faites-les dorer quelques minutes au four.

× Retirez la peau des cuisses de dinde puis désossez-les entièrement.

× Hachez grossièrement les chairs.

× Épluchez et hachez les gousses d'ail, faites-les revenir 2 min dans une poêle sur feu moyen avec 2 cuillerées à soupe d'huile d'olive.

× Ajoutez la chair de dinde, laissez cuire 2 min.

× Portez le bouillon de cuisson à ébullition dans la casserole, ajoutez les cheveux d'ange, laissez cuire 6 à 7 min sur feu doux.

× Répartissez les feuilles de brick dans les assiettes.

× Déposez les pousses d'épinard assaisonnées avec la vinaigrette dessus puis la chair de dinde.

× Versez le bouillon dans des bols, parsemez de parmesan râpé et dégustez.

# SALAMI AU CHOCOLAT

Pour **6/8 personnes**

Préparation : **20 min**
Repos : **2 h minimum**
Pas de cuisson

- 300 g de biscuits secs
- 200 g de chocolat noir
- 150 g de beurre mou
- 100 g de sucre
- 2 œufs
- 2 cuillerées à soupe de rhum
- Crème Chantilly

× Hachez le chocolat, mettez-le à fondre au bain-marie dans un bol.

× Broyez les biscuits dans un bol ou en les plaçant dans un sac plastique et en les écrasant avec un rouleau à pâtisserie.

× Mélangez le beurre mou dans un récipient avec le sucre.

× Ajoutez les œufs, le chocolat fondu et le rhum.

× Mélangez vivement puis ajoutez les biscuits écrasés.

× Versez la préparation sur une grande feuille de papier sulfurisé puis formez un rouleau de 5 à 7 cm de diamètre environ.

× Placez le salame au moins 2 h au frais.

× Coupez le salame au chocolat au dernier moment avant de le servir, accompagnez-le avec une crème Chantilly.

# SBRICIOLATA

Pour **6 personnes**

Préparation : **20 min**
Cuisson : **40 min**

**Pour la crème pâtissière**

- 50 cl de lait
- 1 gousse de vanille
- 6 jaunes d'œufs
- 50 g de farine
- 150 g de sucre

**Pour la pâte**

- 400 g de farine
- 150 g de sucre
- 100 g de beurre
- 2 œufs
- 1/2 sachet de levure
- 1 sachet de sucre vanillé
- Cerises amarena pour le service

× Préparez la crème pâtissière. Faites bouillir le lait dans une casserole avec la gousse de vanille ouverte et grattée.

× Fouettez les jaunes d'œufs avec le sucre dans un récipient.

× Ajoutez la farine, mélangez.

× Versez le lait bouillant dessus, mélangez, remettez le tout dans la casserole, laissez bouillir 4 à 5 min en fouettant sans cesse.

× Débarrassez la crème dans un bol, laissez-la refroidir.

× Préparez la pâte. Mélangez la farine dans un grand récipient avec le sucre, la levure et le sucre vanillé.

× Ajoutez le beurre en petits morceaux et les œufs, mélangez pour obtenir une pâte friable.

× Préchauffez le four à 180 °C, thermostat 6.

× Tapissez le fond d'un moule à manqué ou un moule à tarte à bord haut.

× Répartissez la moitié de la pâte dans le fond du moule puis ajoutez la crème pâtissière et enfin répartissez l'autre moitié de pâte.

× Mettez le gâteau à cuire 30 min au four.

× Sortez-le du four, laissez tiédir et dégustez avec des cerises amarena.

# MA COPINE EST VÉGÉTARIENNE

# ELLE AIME quand je lui prépare des recettes originales et (un peu) italiennes

CAROLE EST L'UNE DE MES MEILLEURES AMIES. JE L'AI CONNUE GRÂCE À SA MAMAN, FRANCESCA, QUI A PASSÉ TOUTE SON ENFANCE À NAPLES, CHEZ SES GRANDS-PARENTS. AUTANT DIRE QUE, POUR ELLE COMME POUR MOI, LA CUISINE EST UNE HISTOIRE DE FAMILLE !
ÉTONNANTE COÏNCIDENCE, NOUS NOUS RENDONS COMPTE UN JOUR QUE J'HABITE À DEUX PAS DE CHEZ SA FILLE. DÈS LE LENDEMAIN, JE SUIS CONVIÉE À PRENDRE LE THÉ CHEZ CAROLE. J'ARRIVE CHEZ ELLE UN PEU INTIMIDÉE, AVEC MON FILS DE 3 ANS, VICTOR. J'AI APPORTÉ DEUX GROSSES SUCETTES À LA GUIMAUVE POUR LES ENFANTS. UNE JOLIE BLONDE M'ACCUEILLE AVEC UN SOURIRE RASSURANT ET M'INVITE À ENTRER : « CIAO, IO SONO CAROLE, BENVENUTA, ENTRA PURE. » MALGRÉ CE PREMIER CONTACT PLUTÔT SYMPATHIQUE, CAROLE M'AVOUE QU'ELLE NE DONNE JAMAIS DE SUCRERIES À SES FILS... SANS COMPTER QUE NOS ENFANTS VONT S'IGNORER TOUT L'APRÈS-MIDI ! MAIS NOUS AVONS UN POINT COMMUN : LE GOÛT DE LA BONNE CHÈRE. PAR LA SUITE, J'AI INVITÉ CAROLE À MA TABLE, ET C'EST AINSI QUE NOTRE INDÉFECTIBLE AMITIÉ EST NÉE. NOUS NE NOUS SOMMES PLUS QUITTÉES, ET NOS ENFANTS ONT MÊME FAIT TOUTE LEUR SCOLARITÉ ENSEMBLE.
AUJOURD'HUI, CAROLE VIT À LA CAMPAGNE. ELLE ADORE LES ANIMAUX, ET IL EN FAUT, DE L'ESPACE, POUR SES TROIS CHIENS, SES CHEVAUX ET SES POULES !
IL Y A QUELQUES ANNÉES, DEVANT UNE BELLE CÔTE DE VEAU À LA MILANAISE, ELLE M'ANNONCE QU'ELLE NE MANGE PLUS DE VIANDE. JE SUIS STUPÉFAITE, MAIS JE RESPECTE SA DÉCISION. AINSI, MAINTENANT, LORSQUE JE LUI RENDS VISITE, JE NE LUI PRÉPARE PLUS DE SAUCE BOLOGNAISE... MAIS J'AIME LUI CONCOCTER DES PLATS VÉGÉTARIENS SIMPLES ET SAVOUREUX.

# SOUPE DE CITROUILLE PARFUMÉE AU CURRY, NOIX ET CROÛTONS

Pour **4 personnes**

Préparation : **20 min**
Cuisson : **35 min**

- 400 g de citrouille
- 2 pommes de terre moyennes
- 2 échalotes
- 2 cuillerées à soupe de curry
- 1,5 l de bouillon de légumes
- 2 grandes tranches de pain aux céréales rassis
- 60 g de cerneaux de noix
- 5 cl d'huile d'olive
- 4 brins de ciboulette
- Sel, poivre du moulin

x Épluchez et hachez les échalotes.

x Épluchez, lavez et coupez les pommes de terre en cubes, épluchez et coupez la citrouille en petits morceaux.

x Faites fondre les échalotes 3 min dans une casserole avec 2 cuillerées à soupe d'huile d'olive sur feu moyen.

x Ajoutez les morceaux de citrouille et de pomme de terre. Salez, poivrez, saupoudrez de curry, laissez cuire 2 min en remuant.

x Versez le bouillon dans la casserole, laissez cuire 30 min sur feu moyen.

x Pendant ce temps, faites griller les cerneaux de noix grossièrement hachés dans une poêle sans matière grasse.

x Toastez les tranches de pain, coupez-les en morceaux.

x Hors du feu, mixez la soupe à l'aide d'un mixeur à bras, rectifiez l'assaisonnement.

x Servez la soupe bien chaude avec les croûtons et les cerneaux de noix grillés.

x Parsemez de ciboulette et versez un trait d'huile d'olive au dernier moment.

# MON MINESTRONE AU RIZ COMPLET

Pour **4 personnes**

Préparation : **20 min**
Cuisson : **40 min**

- 80 g de riz complet
- 80 g d'orge
- 2 carottes
- 1 panais
- 2 branches de céleri
- 1 poireau
- 1 navet
- 250 g de potimarron
- 1 courgette
- 1 petite barquette de lentilles germées
- 1,5 l de bouillon de légumes
- 1 grosse croûte de parmesan
- 60 g de parmesan râpé
- 1 cuillerée à soupe de concentré de tomates
- 1 pincée de safran
- 2 pincées de paprika
- 2 gousses d'ail
- 5 cl d'huile d'olive de Toscane
- 8 feuilles de basilic
- Sel, poivre du moulin

× Faites cuire le riz complet et l'orge dans l'eau salée le temps indiqué sur le paquet.

× Épluchez et lavez le navet, les carottes, le panais, le céleri et le potimarron, coupez-les en petits cubes.

× Lavez et coupez également la courgette en petits cubes puis le blanc de poireau.

× Épluchez et hachez l'ail.

× Portez à ébullition le bouillon de légumes dans une casserole.

× Ajoutez les épices, l'ail haché, le concentré de tomates, la croûte de parmesan, les légumes taillés, du sel et du poivre. Couvrez la casserole, laissez cuire 20 min sur feu moyen.

× Égouttez le riz et l'orge, ajoutez-les dans le bouillon avec les légumes, laissez cuire encore 10 min sur feu moyen.

× Servez le minestrone dans des assiettes creuses ou des bols.

× Déposez des lentilles germées dessus, du basilic ciselé et arrosez avec un filet d'huile d'olive.

# PIZZA VÉGÉTARIENNE

Pour **6 personnes**

Préparation : **40 min**
Cuisson : **45 min**

- 6 boules de pâte à pizza
- 2 poivrons rouges
- 2 courgettes
- 300 g de mozzarella
- 1 grosse aubergine
- 30 g de pignons de pin
- 3 grosses cuillerées à soupe de parmesan râpé
- 150 g de roquette
- 8 cl d'huile d'olive
- Sel, poivre du moulin

× Faites cuire les poivrons avec leur peau 15 à 20 min dans une poêle ou sous le gril du four.

× Enveloppez-les dans un sac plastique, laissez-les tiédir puis retirez leur peau délicatement.

× Lavez et coupez l'aubergine en tranches, mettez-les dans une passoire avec du sel, laissez-les dégorger 20 min.

× Préchauffez le four à 250 °C, thermostat 8-9.

× Lavez et coupez les courgettes en lamelles. Rincez les aubergines.

× Faites griller les aubergines 5 min dans une poêle avec 5 cl d'huile d'olive.

× Ajoutez les courgettes, laissez cuire 3 min sur feu vif, salez, poivrez.

× Étalez les boules de pâte à pizza sur un plan de travail fariné.

× Déposez les ronds de pâte sur une plaque de four recouverte d'une feuille de papier sulfurisé.

× Répartissez les légumes sur les pâtes, ajoutez la mozzarella coupée en petits morceaux.

× Faites cuire les pizzas 15 min au four.

× Sortez les pizzas, répartissez la roquette lavée dessus, parsemez de parmesan et dégustez.

# SALADE TRÉVISE AU GORGONZOLA

Pour **4 personnes**

Préparation : **10 min**
Cuisson : **20 min**

- 2 salades trévises
- 80 g de gorgonzola doux
- 1 grosse poignée de roquette
- 1 oignon rouge
- 4 cuillerées à soupe de raisins secs
- 4 cuillerées à soupe de pignons de pin
- 4 tranches de pain aux céréales
- 5 cl d'huile d'olive
- 5 cl de lait
- 2 cuillerées à soupe de vinaigre balsamique
- Sel, poivre du moulin

× Toastez les tranches de pain et faites griller les pignons de pin dans une poêle à sec.

× Épluchez et émincez l'oignon. Faites-le fondre 5 min sur feu moyen dans une poêle avec l'huile d'olive.

× Ajoutez les raisins secs, le vinaigre balsamique, du sel et du poivre. Laissez cuire 6 à 10 min sur feu doux.

× Faites chauffer le lait et le gorgonzola dans une casserole sur feu doux.

× Nettoyez et coupez les trévises en quartiers, faites-les griller rapidement sur un gril ou dans une poêle.

× Mélangez-les dans un saladier avec les oignons aux raisins et les pignons de pin.

× Servez dans les assiettes, arrosez de gorgonzola, déposez quelques feuilles de roquette dessus et un filet d'huile d'olive.
× Dégustez avec le pain grillé.

# RISOTTO AUX TOMATES ET BURRATA DI BUFALA SAUCE PESTO

Pour **4 personnes**

Préparation : **10 min**
Cuisson : **25 min**

- 300 g de riz arborio
- 200 g de coulis de tomates
- 2 burrata fondantes
- 1,5 l de bouillon de légumes
- 1 échalote
- 1 branche de céleri
- 1 carotte
- 15 cl de vin blanc
- 1 bouquet de basilic
- 40 g de pignons de pin
- 60 g de parmesan râpé + 20 g pour le service
- 10 cl d'huile d'olive
- Sel, poivre du moulin

× Préparez le pesto. Mettez les feuilles de basilic dans la cuve d'un mini-hachoir avec 8 cl d'huile d'olive, les pignons, 60 g de parmesan, du sel et du poivre. Faites tourner 2 min pour obtenir la sauce pesto.

× Portez le bouillon de légumes à ébullition dans une casserole.

× Épluchez et hachez l'échalote, la carotte et le céleri. Faites-les fondre 3 min dans une casserole avec le reste de l'huile d'olive.

× Ajoutez le riz, nacrez-le dans l'huile puis versez le vin blanc, laissez cuire 5 min.

× Ajoutez le coulis de tomates, deux louches de bouillon, du sel et du poivre. Laissez cuire pendant 18 min environ en versant du bouillon au fur et à mesure pour que le riz l'absorbe.

× Servez le risotto dans des assiettes, déposez des morceaux de burrata dessus et arrosez de pistou. Servez avec du parmesan râpé.

# L'ALTRA CARBONARA (L'AUTRE CARBONARA)

Pour **4 personnes**

Préparation : **20 min**
Cuisson : **20 min**

- 400 g de pâtes paccheri (grosses pâtes en forme de tubes courts)
- 4 gros œufs bio
- 5 cl de crème fraîche
- 200 g de tofu fumé
- 1 oignon rouge
- 1 grosse courgette verte
- 1 grosse courgette jaune
- 2 petits citrons bio
- 80 g de parmesan râpé + 20 g pour le service
- 1 bouquet d'herbes mélangées (persil, basilic, cerfeuil, estragon, ciboulette)
- 5 cl d'huile d'olive
- Sel, poivre du moulin

× Zestez les citrons, ciselez les herbes.

× Épluchez et émincez finement l'oignon.

× Lavez et coupez les courgettes en petits bâtonnets.

× Battez les œufs dans un récipient avec la crème et 80 g de parmesan.

× Coupez le tofu en cubes. Faites-le dorer dans une poêle avec l'huile d'olive.

× Ajoutez l'oignon, laissez cuire 3 min sur feu moyen.

× Ajoutez les bâtonnets de courgette, salez, poivrez, puis laissez cuire 8 à 10 min sur feu moyen.

× Pendant ce temps, mettez les pâtes à cuire dans une grande casserole d'eau bouillante salée.

× Retirez la poêle du feu, ajoutez-y les œufs battus, mélangez.

× Égouttez les pâtes, mélangez-les avec la préparation.

× Servez aussitôt avec les zestes de citron et les herbes ciselées. Accompagnez avec du parmesan.

Jardins

# CRUMBLE DE MUESLI AUX FRUITS FRAIS

Pour **4 personnes**

Préparation : **20 min**
Cuisson : **40 min**

- 2 pommes reinettes
- 4 poires
- 300 g de fraises
- 50 g de myrtilles séchées
- 2 gousses de vanille
- 150 g de sucre semoule
- 80 g de muesli
- 40 g d'amandes entières
- 1 citron

**Pour la pâte**

- 450 g de farine
- 330 g de beurre mou
- 260 g de sucre de canne

× Préparez la pâte en mélangeant avec vos mains le beurre mou, le sucre et la farine pour obtenir une pâte friable, réservez.

× Lavez et zestez le citron.

× Râpez une pomme.

× Coupez l'autre et les poires en cubes.

× Lavez et équeutez les fraises, coupez-les en cubes.

× Réalisez un caramel légèrement brun dans une casserole avec le sucre et un peu d'eau.

× Ajoutez la pomme râpée, la pomme et les poires coupées en cubes.

× Laissez cuire 10 min puis versez les cubes de fraise, l'intérieur des gousses de vanille, les myrtilles et les zestes de citron. Laissez mijoter 6 à 8 min.

× Préchauffez le four à 180 °C, thermostat 6.

× Répartissez les fruits dans des ramequins ou un plat allant au four.

× Hachez grossièrement les amandes.

× Émiettez la pâte à crumble dessus puis répartissez le muesli et les amandes concassées.

× Mettez le crumble à cuire 25 min au four. Servez bien chaud.

# MANGUE GINGEMBRE ET MIEL

Pour **4 personnes**

Préparation : **15 min**
Réfrigération : **2 h**
Pas de cuisson

- 2 mangues
- 1 citron vert
- 40 g de racine de gingembre frais
- 4 cuillerées à soupe de miel d'acacia

- Épluchez et râpez le gingembre.
- Lavez, zestez et pressez le citron.
- Mettez le miel dans une casserole avec le gingembre, le jus et les zestes du citron. Portez à ébullition 20 secondes, éteignez le feu.
- Épluchez les mangues, coupez-les en tranches, répartissez-les sur quatre assiettes.
- Arrosez-les de miel au citron et au gingembre.
- Placez les assiettes 2 h au frais avant de les déguster.

# MON AMIE organise un HAPPY HOUR

# J'ADORE lui proposer des antipasti gourmands

« CIAO VUOI ESSERE MIA AMICHETTA ? » JE DEVAIS AVOIR 3 ANS LE JOUR OÙ J'AI DEMANDÉ À CRISTINA, LES BRAS REMPLIS DE COQUILLAGES, DE DEVENIR MA COPINE. CHAQUE ANNÉE, NOUS PASSIONS UNE PARTIE DE NOS VACANCES À LADISPOLI, UNE PETITE STATION BALNÉAIRE SITUÉE À 30 KILOMÈTRES DE ROME.

JE CONNAIS DONC CRISTINA DEPUIS QUARANTE ANS, ET NOTRE AMITIÉ NE S'EST JAMAIS DÉMENTIE, MÊME LORSQUE, ADOLESCENTES, NOUS ÉTIONS AMOUREUSES DU MÊME GARÇON…

CRISTINA A UN SENS DE L'HUMOUR HORS DU COMMUN. ELLE ME FAIT TELLEMENT RIRE QU'UN RENDEZ-VOUS AVEC ELLE ÉQUIVAUT À AU MOINS TROIS SÉANCES D'ABDOMINAUX ! SOLAIRE, AFFECTUEUSE, GÉNÉREUSE, ELLE EST AUSSI PLEINE D'AUTODÉRISION. UNE SORTE DE BRIDGET JONES ITALIENNE. JE LA TROUVE MAGNIFIQUE AVEC SES RONDEURS FÉMININES. QUAND ELLE ME SERRE DANS SES BRAS, JE ME SENS EN SÉCURITÉ ET ELLE ME TRANSMET TOUTE SA JOIE DE VIVRE.

CRISTINA N'AIME PAS DU TOUT CUISINER. EN REVANCHE, ELLE ADORE MANGER, ET LES MEILLEURES TABLES DE ROME N'ONT PLUS DE SECRETS POUR ELLE. D'AILLEURS, LORSQU'UN NOUVEAU RESTAURANT OUVRE SES PORTES, ELLE FAIT IMMANQUABLEMENT PARTIE DES TOUT PREMIERS CLIENTS.

LORS DE NOS VIRÉES NOCTURNES, IL NOUS EST SOUVENT ARRIVÉ D'ALLER CHERCHER, VERS MINUIT, DES CIAMBELLE ENCORE CHAUDES DANS LE LABORATOIRE D'UNE PÂTISSERIE ET D'Y MORDRE À BELLES DENTS EN RIGOLANT DE NOS MOUSTACHES DE SUCRE. UN VRAI BONHEUR !

LA SPÉCIALITÉ DE CRISTINA, CE SONT LES APÉROS ; LE MIDI OU LE SOIR, ELLE N'EN RATE PAS UN ! MAIS, QUAND CRISTINA INVITE CHEZ ELLE, HORS DE QUESTION DE PRÉPARER UN DÎNER : PETITS GÂTEAUX SALÉS, CHARCUTERIE ITALIENNE ET PLATEAU DE FROMAGES, FONT L'AFFAIRE. INUTILE DE VOUS DIRE QUE C'EST UN PEU RÉPÉTITIF…

C'EST POURQUOI J'AI IMAGINÉ POUR ELLE UN HAPPY HOUR… DISONS QUE JE L'AI FAIT AUSSI UN PEU POUR MOI ET TOUS NOS AMIS, CAR JE ME VOIS MAL MANGER ENCORE LA MÊME CHOSE À SES APÉROS PENDANT LES QUARANTE ANS À VENIR !

# SUPPLÍ AL TELEFONO

Pour **5 personnes**

Préparation : **25 min**
Cuisson : **25 min**

- 250 g de riz arborio
- 1 l de bouillon de volaille
- 100 g de viande de bœuf hachée
- 200 g de tomates entières en boîte
- 100 g de mozzarella
- 50 g de parmesan râpé
- 25 g de beurre
- 3 œufs
- 1 oignon
- 100 g de chapelure
- 5 cl d'huile d'olive
- Huile pour friture
- Sel, poivre du moulin
- 15 cl de vin blanc

× Dans une grande poêle, faites revenir l'oignon haché dans l'huile d'olive jusqu'à ce qu'il devienne translucide.

× Ajoutez la viande hachée, faites cuire pendant 3 min puis versez le vin.

× Mixez les tomates puis mélangez-les dans la poêle avec la viande, salez, poivrez, couvrez et laissez cuire pendant 10 min.

× Ajoutez le riz, tournez quand il commence à devenir translucide puis ajoutez une louche de bouillon. Quand le liquide est bien absorbé, ajoutez une nouvelle louche et ainsi de suite jusqu'à la cuisson complète du riz (comptez 18 à 20 min).

× Une fois le riz cuit *al dente*, ajoutez le beurre hors du feu puis le parmesan et un œuf battu, versez le risotto dans un plat creux pour qu'il refroidisse.

× Mettez dans la paume de votre main une cuillerée à soupe de risotto.

× Placez au centre un morceau de mozzarella puis refermez et confectionnez des boulettes ovales.

× Passez les boulettes de riz dans les 2 œufs battus puis dans la chapelure.

× Faites-les cuire quelques minutes dans de l'huile chaude.

× Dès qu'elles sont dorées, égouttez-les sur un papier absorbant et dégustez-les sans attendre.

SCONTRI DI ROMA
Italo

# TOMATES CERISES À LA MOUSSE DE CONCOMBRE

Pour **4 personnes**

Préparation : **30 min**
Réfrigération : **30 min**
Pas de cuisson

- 16 tomates cerises
- 2 mini-concombres épluchés
- 200 g de ricotta
- 2 cuillerées à soupe de lait
- 2 blancs d'œufs
- 5 brins de ciboulette
- Sel, poivre du moulin

× Lavez et coupez le haut des tomates.

× Retirez délicatement la chair avec une petite cuillère, salez, poivrez l'intérieur puis laissez-les s'égoutter à l'envers sur du papier absorbant.

× Coupez les concombres en morceaux, passez-les dans un mixeur avec la ricotta et le lait pour obtenir une crème onctueuse.

× Battez les blancs en neige.

× Dans un bol, mélangez délicatement la crème de concombre avec les blancs d'œufs.

× Farcissez les tomates avec la préparation, parsemez de ciboulette.

× Couvrez avec le chapeau des tomates, placez-les au frais 30 min avant de les déguster.

# BOUCHÉES DE PORC AU JAMBON DE PARME

Pour **4 personnes**

Préparation : **10 min**
Cuisson : **10 min**

- 600 g de filet mignon de porc
- 16 tranches de jambon de Parme très fines
- 2 gousses d'ail
- 1 petite branche de romarin
- 10 cl de vinaigre balsamique
- 5 cl d'huile d'olive
- Sel, poivre du moulin

× Coupez le filet mignon de porc en 16 petits cubes.

× Retirez le gras des tranches du jambon et enroulez les morceaux de filet mignon un à un avec les tranches. Maintenez-les avec une pique en bois.

× Dans une poêle, faites chauffer l'huile d'olive sur feu moyen avec les gousses d'ail entières en chemise et les brindilles de romarin.

× Ajoutez les bouchées, faites-les dorer 2 à 3 min de chaque côté.

× Une fois dorées, retirez-les de la poêle, versez-y le vinaigre balsamique, laissez cuire 6 à 8 min sur feu moyen jusqu'à évaporation pour obtenir une sauce sirupeuse, salez, poivrez. Dégustez aussitôt.

# ASPERGES COMME DES GRISSINI, CRÈME AU PARMESAN

Pour **4 personnes**

Préparation : **40 min**
Cuisson : **25 min**

- 250 g de pâte feuilletée
- 8 asperges vertes
- 40 g de parmesan coupé en fines lamelles
- 8 tranches de spek
- 1 jaune d'œuf
- 2 cuillerées à soupe de graines de sésame

**Pour la crème au parmesan**

- 100 g de parmesan râpé
- 50 g de beurre
- 200 ml de lait

× Nettoyez et coupez les extrémités des asperges.

× Ficelez-les et faites-les cuire 7 à 8 min (*al dente*) dans une grande casserole d'eau bouillante salée, égouttez-les et rafraîchissez-les dans l'eau froide.

× Étalez la pâte feuilletée sur 3 à 4 mm d'épaisseur puis coupez huit bandes de pâte de 3 à 4 cm de large et un peu plus longues que les asperges.

× Déposez les bandes de pâte sur une plaque de four recouverte d'une feuille de papier sulfurisé.

× Préchauffez le four à 200 °C, thermostat 6-7.

× Disposez les tranches de spek à plat sur les bandes de pâte, ajoutez les lamelles de parmesan et une asperge.

× Enroulez le tout avec la pâte feuilletée. Badigeonnez la pâte avec du jaune d'œuf, parsemez de graines de sésame. Mettez-les à cuire 15 à 20 min au four.

× Pendant ce temps, faites fondre le beurre dans une petite casserole. Ajoutez le parmesan puis le lait, mélangez bien pour obtenir une crème onctueuse.

× Sortez les grissini d'asperge du four, servez avec la crème au parmesan.

# VERRINES DE CAPRESE

Pour **4 personnes**

Préparation : **30 min**
Réfrigération : **2 h**
Cuisson : **20 min**

- 250 g de burrata
- 200 g courgettes
- 300 g de tomates
- 8 g de gélatine (4 feuilles environ)
- 1 poignée de pignons de pin grillés
- 1 bouquet de basilic frais
- 5 cl d'huile d'olive
- Sel, poivre du moulin

× Lavez les courgettes, coupez-les en morceaux.

× Faites-les cuire 10 min dans une poêle sur feu moyen avec la moitié de l'huile d'olive.

× Ajoutez la moitié des feuilles de basilic, salez, poivrez puis mixez-les avec un peu d'eau froide pour obtenir une purée homogène. Réservez.

× Mondez les tomates en les plongeant quelques secondes dans l'eau bouillante.

× Coupez-les en morceaux, faites-les revenir dans une poêle avec le reste de l'huile d'olive et des feuilles de basilic. Mixez.

× Mettez les feuilles de gélatine à ramollir dans un bol d'eau froide.

× Chauffez doucement la crème de courgettes, ajoutez la moitié des feuilles de gélatine, faites bien fondre et laissez refroidir.

× Faites fondre l'autre moitié des feuilles de gélatine dans la sauce tomate et laissez bien refroidir.

× Dans des verrines, versez au fond la crème de tomates.

× Placez les verrines 10 min au congélateur puis, à l'aide d'une poche, ajoutez les courgettes avec un morceau de burrata sur le dessus.

× Placez les verrines au frais au moins 2 h jusqu'au moment de servir.

× Au dernier moment, décorez avec les pignons de pin grillés.

# MOUSSE AU CHOCOLAT À L'AMARETTO

Pour **4 personnes**

Préparation : **20 min**
Réfrigération : **1 h**
Pas de cuisson

- 350 g de chocolat noir
- 100 g de beurre
- 50 cl de crème épaisse
- 3 œufs bio
- 2 cuillerées à soupe d'amaretto
- 3 cuillerées à soupe de sucre
- Nougat fin au sésame pour la déco

× Faites fondre le chocolat et le beurre dans un récipient au bain-marie.

× Fouettez la crème en chantilly.

× Dans un autre récipient, battez les œufs avec le sucre pour les faire blanchir.

× Incorporez délicatement l'amaretto, le chocolat et le beurre fondu puis la crème fouettée.

× Versez la mousse dans des coupes ou des verres. Placez-les au frais au moins 1 h.

× Au moment de servir, décorez avec des morceaux de nougat au sésame.

# BRUSCHETTA AUX POIRES CARAMÉLISÉES

Pour **4 personnes**

Préparation : **20 min**
Cuisson : **20 min**

- 15 cl de crème fraîche épaisse
- 300 g de ricotta
- 4 belles poires
- 90 g de beurre
- 100 g de sucre roux
- 1 verre de jus d'orange
- 250 g de brioche
- 2 cuillerées à soupe de sucre glace
- 50 g de gingembre confit

× Hachez le gingembre confit.

× Fouettez la crème en chantilly au batteur. Incorporez la ricotta, le sucre glace et le gingembre, réservez au frais.

× Préchauffez le gril du four.

× Épluchez les poires, coupez-les en quartiers et faites-les dorer 4 à 5 min dans une poêle avec le beurre sur feu vif.

× Ajoutez le sucre roux, laissez cuire jusqu'à ce que les poires soient caramélisées.

× Versez le jus d'orange, en laissant cuire 2 min sur feu vif.

× Coupez la brioche en tranches pas trop fines. Faites-les dorer sous le gril du four.

× Déposez 2 tranches de brioche dorées dans chaque assiette.

× Couvrez avec la mousse à la ricotta et ajoutez les poires caramélisées avec leur sirop dessus. Dégustez aussitôt.

# SOUPE DE FRAISES AU BALSAMIQUE

Pour **4 personnes**

Préparation : **15 min**
Réfrigération : **1 h**
Cuisson : **15 min**

- 100 g de sucre
- 10 cl d'eau
- 10 cl de vinaigre balsamique
- 400 g de sorbet aux fraises
- 200 g de sorbet à la pomme verte
- 1 barquette de framboises
- 150 g de fraises fraîches

× Versez le sucre et l'eau dans une casserole. Portez à ébullition 3 à 4 min pour obtenir un sirop, laissez refroidir.

× Faites réduire le vinaigre balsamique 10 min dans une casserole sur feu doux pour obtenir un concentré.

× Mixez le sorbet aux fraises avec quelques glaçons et le sirop de sucre.

× Dressez la soupe dans des assiettes creuses.

× Disposez au centre une boule de glace à la pomme verte puis décorez avec des quartiers de fraise et quelques framboises.

× Ajoutez du concentré de vinaigre balsamique et servez sans attendre.

# ELLE NE SAIT PAS CUISINER

# j'adore lui concocter des BONS PETITS PLATS

JE POURRAIS VOUS PRÉSENTER POM EN VOUS DISANT TOUT SIMPLEMENT QUE C'EST MON ÉDITRICE, CELLE QUI A PRIS LE RISQUE DE PUBLIER MON PREMIER LIVRE ET QUI RELÈVE À NOUVEAU LE DÉFI AVEC CELUI QUE VOUS AVEZ ENTRE LES MAINS. UNE SORTE D'ANGE GARDIEN QUI M'A PERMIS DE PARTAGER MA PASSION DE LA CUISINE AU QUOTIDIEN ! ELLE EST TOUJOURS LÀ POUR ME SOUTENIR, ME METTRE EN CONFIANCE, ET ELLE N'HÉSITE PAS À ME RAPPELER À L'ORDRE QUAND MES TEXTES OU MES RECETTES TARDENT À ARRIVER.

Non !

MAIS POM EST BIEN PLUS QUE ÇA. ELLE EST PARFAITE… OU PRESQUE ! ~~ELLE EST BELLE, ÉLÉGANTE~~ — ELLE PORTE DES TALONS EN TOUTES CIRCONSTANCES —, ET RIGOUREUSE — LE MATIN, ELLE MET SON RÉVEIL À 6 HEURES POUR ALLER FAIRE SON JOGGING ! ELLE EST AUSSI MON AMIE, ET C'EST DONC SANS SCRUPULES QUE JE PEUX LUI RECONNAÎTRE UNE PETITE « FAIBLESSE » CULINAIRE QUI DONNE PARFOIS LIEU À CE TYPE DE DISCUSSION :

Oh non !

« UNE TRANCHE DE BON JAMBON BLANC AVEC UNE SALADE, C'EST SUPER POUR UN DÎNER !

Alors là tu exagères, Laure !!!

— OUI, POM, C'EST VRAI, CE N'EST PAS MAUVAIS, MAIS ON PEUT AUSSI SE FAIRE PLAISIR AVEC UN MINIMUM DE TEMPS ET PEU D'INGRÉDIENTS. D'AILLEURS, LA DERNIÈRE FOIS QUE TU M'AS APPELÉE, TU VOULAIS DES CONSEILS POUR UN MENU VITE FAIT CAR TU RECEVAIS DES AMIS. ET SI MES SOUVENIRS SONT BONS, TU AS RÉUSSI À LEUR PRÉPARER UN BON REPAS, NON ? »

EFFECTIVEMENT, POM RECONNAÎT QU'ELLE A RÉGALÉ SES CONVIVES, SANS AVOIR PASSÉ DES HEURES DANS LES RAYONS DU SUPERMARCHÉ OU EN CUISINE… ET ELLE ÉTAIT PRÊTE À TEMPS, ESCARPINS AUX PIEDS, POUR ACCUEILLIR SES INVITÉS. ALORS, POM, ON RETENTE L'AVENTURE ?

# TAGLIATELLES, CITRON CANNELLE

Pour **4 personnes**

Préparation : **15 min**
Cuisson : **15 min**

- 400 g de pâtes fraîches
- Les zestes d'un citron bio
- 20 cl de crème fraîche épaisse
- 10 cl de lait
- 3 pincées de cannelle
- 2 cuillerées à soupe de parmesan râpé
- 20 g de beurre
- Sel, poivre du moulin

C'est un plat qui se réalise en très peu de temps. Les pâtes fraîches ne cuisent pas plus de 5 min et la sauce, 3 min. Un plat parfait pour une apprentie cuisinière. Le mélange des arômes fera de vous une reine.

× Mettez les pâtes à cuire dans une grande casserole d'eau bouillante salée le temps indiqué sur le paquet.

× Pendant ce temps, faites fondre le beurre dans une sauteuse.

× Mettez la cannelle à roussir légèrement dans le beurre.

× Versez la crème, laissez cuire 2 min puis versez le lait pour rendre la sauce plus onctueuse.

× Salez, poivrez et laissez mijoter 10 min sur feu doux.

× Égouttez les pâtes dans une passoire, ajoutez-les à la sauce dans la sauteuse accompagnées des zestes de citron, mélangez.

× Saupoudrez de parmesan et servez aussitôt.

# VEAU AU POIVRON ROUGE ET AU GINGEMBRE

Pour **4 personnes**

Préparation : **30 min**
Cuisson : **20 min**

- 500 g de viande de veau hachée
- 1 gros poivron rouge
- 1 grosse trévise
- 1 échalote hachée
- 1 cuillerée à café bombée de gingembre râpé
- 3 cuillerées à soupe de sauce soja
- 5 cl d'huile d'olive
- 3 cuillerées à soupe de vinaigre balsamique
- Quelques feuilles de basilic
- Sel, poivre du moulin

× Épluchez, nettoyez et émincez le poivron.

× Épluchez et hachez l'échalote. Faites-la fondre 2 min dans une poêle avec 2 cuillerées à soupe d'huile d'olive.

× Ajoutez le poivron et le gingembre râpé, salez, poivrez, laissez cuire 10 min sur feu doux.

× Incorporez la viande de veau hachée, laissez rissoler 8 à 10 min en mélangeant.

× Pendant ce temps, préparez une vinaigrette avec le vinaigre balsamique, du sel, du poivre et le reste de l'huile d'olive puis détachez délicatement les feuilles de trévise, lavez-les.

× Versez la sauce soja dans la poêle, mélangez, rectifiez l'assaisonnement puis ajoutez le basilic ciselé.

× Répartissez la viande dans les feuilles de trévise, déposez le tout dans les assiettes, nappez de vinaigrette et dégustez.

# FILETS DE SOLE AU POIVRE VERT

Pour 4 **personnes**

Préparation : **30 min**
Cuisson : **10 min**

- 4 filets de sole de 250-300 g levés par votre poissonnier
- 2 échalotes
- 1 cuillerée à soupe de poivre vert en grains
- 20 cl de fumet de poisson
- 1 verre de vermouth blanc ou autre vin doux
- 100 g de beurre
- 4 tomates moyennes
- 1 concombre
- 1 jus de citron
- 5 cl d'huile d'olive
- 3 cuillerées à soupe de sauce d'huître
- Sel, poivre du moulin

× Lavez et coupez le concombre en fines rondelles.

× Plongez-les 30 secondes dans une casserole d'eau bouillante.

× Égouttez-les et rafraîchissez-les dans l'eau froide.

× Lavez et coupez les tomates en morceaux.

× Mettez les quartiers de tomate et les rondelles de concombre dans un saladier, assaisonnez-les avec les 3/4 de l'huile d'olive, la sauce d'huître, du sel et du poivre, réservez au frais.

× Épluchez et hachez les échalotes.

× Mettez-les à fondre 2 min avec le poivre vert dans une poêle avec le reste de l'huile d'olive.

× Posez les filets de sole dessus, couvrez-les avec le vermouth et le fumet de poisson. Salez, poivrez, couvrez avec une feuille de papier sulfurisé ou un couvercle, portez à ébullition, laissez cuire 5 min sur feu moyen.

× Retirez délicatement les filets de sole, gardez-les au chaud.

× Réduisez le liquide de cuisson de moitié puis ajoutez le beurre en morceaux en fouettant. Incorporez la moitié du jus de citron, vérifiez l'assaisonnement.

× Répartissez les filets de sole dans les assiettes, nappez de sauce et servez avec les légumes.

# RISOTTO BRESAOLA, CITRON, ROQUETTE

Pour **4 personnes**

Préparation : **10 min**
Cuisson : **20 min**

- 320 g de riz arborio
- 60 g de beurre
- 70 g de parmesan râpé
- 1 morceau de parmesan entier
- 12 tranches de bresaola
- 1 grosse poignée de roquette
- 1,5 l de bouillon de légumes
- 1 citron bio
- 5 cl d'huile d'olive
- Sel, poivre du moulin

× Portez à ébullition le bouillon de légumes dans une casserole.

× Faites revenir le riz dans une sauteuse avec l'huile d'olive pour le nacrer.

× Salez, poivrez, puis versez le bouillon sur le riz au fur et à mesure afin qu'il l'absorbe complètement, comptez 18-20 min de cuisson.

× Pendant la cuisson, zestez le citron et formez des copeaux de parmesan avec un couteau.

× En fin de cuisson du riz, ajoutez, hors du feu, le beurre froid coupé en petits morceaux, les zestes de citron et le parmesan râpé.

× Répartissez le risotto dans des assiettes, disposez les tranches de bresaola et la roquette dessus, parsemez de copeaux de parmesan et dégustez.

12e Arrt
RUE
PAUL
BELMONDO

# POMMES À LA CITRONNELLE

Pour 4 **personnes**

Préparation : **15 min**
Réfrigération : **1 h**
Cuisson : **25 min**

- 4 pommes vertes granny smith
- 80 g de sucre
- 40 cl d'eau
- 2 tiges de citronnelle
- 1 poignée de glace pilée
- Chips de pomme ou madeleine

× Lavez, videz et coupez les pommes en cubes en gardant leur peau.

× Nettoyez la citronnelle, émincez finement les parties tendres.

× Mettez le sucre et l'eau dans une casserole.

× Portez à ébullition puis ajoutez-y les morceaux de pomme et de citronnelle.

× Laissez cuire 20 min sur feu moyen pour que les pommes soient bien cuites, puis mixez-les pendant 4 à 5 min et passez la compote dans un tamis ou une passoire.

× Versez la préparation dans des verres, placez-les au frais au moins 1 h.

× Au moment de servir, ajoutez un peu de glace pilée dans les verres, servez avec des chips de pomme ou une madeleine et des pailles.

# OSSO BUCO À LA GREMOLATA

**Pour 4 personnes**

Préparation : **15 min**
Cuisson : **1 h 35**

- 4 tranches de jarret de veau de 220-250 g
- 50 cl de bouillon de viande
- 15 cl de vin blanc
- 1 gros oignon
- 60 g de farine
- 30 g de beurre
- 1 bouquet de persil
- 1 gousse d'ail
- 1 citron bio
- Sel, poivre du moulin

- Épluchez et hachez l'oignon.
- Assaisonnez les tranches d'osso buco, passez-les dans la farine dans une assiette. Tapotez-les pour enlever l'excédent de farine.
- Faites fondre les oignons 3 min dans une cocotte avec le beurre.
- Déposez les tranches d'osso buco, faites-les dorer sur les deux faces sur feu moyen.
- Versez le vin blanc, portez à ébullition puis ajoutez le bouillon de viande. Salez, poivrez, couvrez la cocotte, laissez cuire 1 h 30 sur feu doux en ajoutant un peu de bouillon en plus si nécessaire.
- Pendant la cuisson de la viande, lavez et zestez le citron, lavez et hachez le persil, épluchez et hachez la gousse d'ail.
- Mélangez les zestes de citron, le persil et l'ail dans un bol, c'est cela, la gremolata !
- Vérifiez la cuisson de la viande. Sortez-la de la cocotte, gardez-la au chaud.
- Réduisez la sauce sur feu vif si elle est trop liquide.
- Disposez les tranches d'osso buco sur un plat, nappez de sauce et parsemez-les de gremolata.
- Accompagnez avec des pâtes fraîches par exemple.

# FILETS DE ROUGET AU FENOUIL ET À LA CARDAMOME

Pour **4 personnes**

Préparation : **20 min**
Cuisson : **10 min**

- 8 beaux filets de rouget barbet
- 1 bulbe de fenouil
- 1 petit verre de vin blanc sec
- 1 l de bouillon de légumes
- 4 feuilles de blette
- 1 cuillerée à café rase de cardamome en poudre
- 1 cuillerée à café de graines de fenouil
- 3 branches de cerfeuil
- 5 cl d'huile d'olive
- 1 jus de citron
- Sel, poivre du moulin

× Réalisez une vinaigrette en mélangeant le jus de citron dans un bol avec les graines de fenouil, du sel et du poivre. Ajoutez l'huile d'olive en émulsionnant avec une fourchette.

× Nettoyez et émincez le fenouil.

× Versez le vin blanc dans une casserole avec le bouillon de légumes, du sel et du poivre. Portez à ébullition.

× Mettez-y le fenouil à cuire pendant 5 min.

× Égouttez-le sur une assiette puis plongez les feuilles de blette 2 min dans le bouillon et égouttez-les.

× Pochez les filets de rouget 2 min dans le bouillon.

× Déposez une feuille de blette sur chaque assiette.

× Répartissez le fenouil dessus et les filets de rouget.

× Nappez de vinaigrette aux graines de fenouil et dégustez aussitôt.

# POMMES DE TERRE ET ARTICHAUTS

Pour **4 personnes**

Préparation : **20 min**
Cuisson : **35-40 min**

- 4 artichauts poivrade
- 500 g de pommes de terre
- 100 g de petits pois frais
- 2 échalotes
- 1 gousse d'ail
- 5 cl d'huile d'olive
- 1 jus de citron
- 2 branches de persil
- Sel, poivre du moulin

- Épluchez, lavez et coupez les pommes de terre en cubes.
- Nettoyez les artichauts, coupez-les en deux, mettez-les dans un récipient d'eau citronnée.
- Épluchez et hachez les échalotes et la gousse d'ail.
- Faites-les fondre 3 min dans une cocotte avec l'huile d'olive.
- Ajoutez les artichauts et les pommes de terre et les deux branches de persil. Salez, poivrez, recouvrez d'eau froide à hauteur, fermez la cocotte, portez à ébullition, laissez cuire 20 min sur feu moyen.
- Ajoutez les petits pois, laissez cuire encore 10 min.
- Servez bien chaud.

BIO

# PANNA COTTA AUX PISTACHES

Pour **4 personnes**

Préparation : **15 min**
Réfrigération : **3 h**
Pas de cuisson

- 35 cl de crème liquide
- 10 cl de lait
- 100 g de sucre semoule
- 80 g de chocolat blanc
- 1 belle cuillerée à soupe de pâte de pistaches (bio)
- 2 cuillerées à soupe de pistaches vertes non salées
- 7 g de gélatine (environ 3 feuilles)

- Mettez les feuilles de gélatine à tremper dans un bol d'eau froide.
- Fouettez 10 cl de crème liquide en chantilly bien ferme, réservez-la au frais.
- Faites bouillir 30 secondes le reste de crème avec le lait et le sucre dans une casserole.
- Hors du feu, ajoutez les feuilles de gélatine égouttées et la pâte de pistaches, mélangez.
- Laissez refroidir, passez la crème au chinois puis ajoutez la crème fouettée délicatement.
- Versez la préparation dans des verres ou des ramequins individuels, placez-les au frais au moins 3 h.
- Hachez grossièrement les pistaches.
- Faites fondre le chocolat blanc au bain-marie, versez-le sur une feuille de papier sulfurisé en couche fine.
- Parsemez la surface de pistaches hachées, placez-le au frais pour le faire durcir.
- Une fois durci, coupez le chocolat en morceaux. Servez avec les panna cotta bien fraîches.

# CARPACCIO DE FRUITS

Pour **4 personnes**

Préparation : **20 min**
Cuisson : **5 min**
Réfrigération : **1 h**

- 5 oranges
- 4 kiwis
- 1 ananas Victoria
- 80 g de sucre
- 2 étoiles de badiane
- ½ cuillerée à café de cannelle en poudre
- ½ cuillerée à café de cardamome en poudre
- ½ cuillerée à café de gingembre frais râpé
- 60 g d'amandes effilées

× Pressez une orange.

× Mettez le jus dans une casserole avec un petit verre d'eau, le sucre, les étoiles de badiane et toutes les épices.

× Portez à ébullition, laissez cuire 5 min sur feu moyen pour obtenir un sirop.

× Éteignez le feu, laissez refroidir et filtrez le sirop.

× Épluchez les kiwis, pelez les oranges à vif, pelez l'ananas.

× Coupez les fruits en tranches, disposez-les en rosace dans des assiettes.

× Arrosez les fruits avec le sirop aux épices.

× Placez les assiettes au frais au moins 1 h.

× Pendant ce temps, faites griller les amandes dans une poêle chaude sans matière grasse.

× Au moment de servir, parsemez les fruits d'amandes effilées grillées et dégustez.

# J'AI UNE COPINE BLOQUÉE AU bureau

# Je lui apporte une « lunch box »

MARIE-ANNE EST UNE WORKING WOMAN. AVOCATE SPÉCIALISÉE EN DROIT PUBLIC ET EN DROIT DE L'URBANISME, ELLE A PUBLIÉ PLUSIEURS OUVRAGES ET ARTICLES SUR LE SUJET.

MÈRE DE DEUX GARÇONS DE 18 ET 20 ANS, FEMME ENGAGÉE, ELLE A UNE VIE BIEN REMPLIE.

ELLE ET SON MARI, PASCAL, QUI CONNAÎT PAUL DEPUIS L'ADOLESCENCE, SONT DES AMIS FIDÈLES. QUAND NOS ENFANTS ÉTAIENT PETITS, NOUS PASSIONS NOS VACANCES ENSEMBLE, AVEC UN AUTRE COUPLE, VÉRONIQUE (CELLE QUI EST TOUJOURS AU RÉGIME) ET JÉRÔME. PENDANT DES ANNÉES, NOUS NOUS SOMMES RÉUNIS À LA MONTAGNE EN HIVER ET À LA MER EN ÉTÉ, AU CAP FERRET OU À ANTIGUA.

AUJOURD'HUI, NOUS NOUS RETROUVONS PARFOIS POUR UN WEEK-END CHEZ MARIE-ANNE ET PASCAL, À SAINT-VALERY-SUR-SOMME. LE MATIN, NOUS ALLONS AU MARCHÉ FAIRE DES EMPLETTES : PRODUITS LOCAUX, PÊCHE DU JOUR... PUIS NOUS RENTRONS PRÉPARER UN BON REPAS POUR NOS HOMMES QUI SONT PARTIS FAIRE UNE LONGUE BALADE À VÉLO. EN CUISINE, MARIE-ANNE SE MÉTAMORPHOSE. ELLE SE LAISSE EMPORTER PAR LA SYMPHONIE DES SENTEURS, PAR LE PLAISIR DES GESTES.

APRÈS DEUX JOURS DE DÉTENTE, AU MOMENT DE SE QUITTER, MARIE-ANNE A TOUJOURS UN PETIT MOT POUR MOI : « LUANA, JE COMPTE SUR TOI. LA RIGUEUR ET LA CONSTANCE SONT CE QU'IL Y A DE PLUS IMPORTANT DANS LE TRAVAIL. » ET LE LUNDI, GRÂCE À ELLE, JE SUIS D'ATTAQUE !

PARFOIS, DANS LA SEMAINE, J'AI BESOIN DE MON DOPANT — MARIE-ANNE. MAIS IMPOSSIBLE DE LA JOINDRE. ELLE N'A PAS UNE MINUTE À ELLE, MIS À PART LE MIDI, DEUX JOURS PAR SEMAINE, OÙ ELLE SE FAIT LIVRER DES SUSHIS OU UNE SALADE AU BUREAU. ALORS J'APPELLE SON ASSISTANTE POUR LUI DEMANDER D'ANNULER TOUTE COMMANDE — ELLE ME FAIT CONFIANCE. ET SANS M'ÊTRE ANNONCÉE, À L'HEURE DU DÉJEUNER, J'ARRIVE AVEC UN PLATEAU-REPAS CONCOCTÉ PAR MES SOINS. NOUS ALLONS POUVOIR DÉCOMPRESSER DEVANT UNE BONNE LUNCH BOX. BUON APPETITO !

# SALADE DE RIZ VENERE, COURGETTE ET CREVETTES PARFUMÉES AU GINGEMBRE

Pour **2 personnes**

Préparation : **15 min**
Cuisson : **30 min**

- 150 g de riz Venere
- 80 g de petites crevettes roses décortiquées
- 1 courgette
- 1 poireau
- 10 tomates cerises
- 5 cl de vin blanc sec
- Les zestes d'un citron bio
- 20 g de gingembre frais râpé
- 5 cl d'huile d'olive
- 2 branches de coriandre fraîche
- Sel, poivre du moulin

x Émincez et lavez le poireau et la courgette, puis coupez-les en petits cubes.

x Mettez le riz à cuire 20 min dans l'eau bouillante salée.

x Faites fondre le poireau et la courgette dans une sauteuse avec l'huile d'olive pendant 5 min.

x Ajoutez les crevettes et les tomates cerises lavées et coupées en deux, salez, poivrez.

x Versez le vin blanc, attendez qu'il s'évapore puis laissez cuire quelques minutes sur feu vif et ajoutez le gingembre.

x Égouttez le riz, mélangez-le avec les légumes.

x Parsemez la surface de coriandre fraîchement hachée et de zestes de citron.

Happy 2014 ! • Recettes pour toute l'année

# BLANCS DE POULET AU PESTO DE CITRON, SALADE DE HARICOTS VERTS À LA GRENADE

Pour **2 personnes**

Préparation : **20 min**
Cuisson : **25-30 min**

- 2 blancs de poulet
- 1 citron bio
- 10 cerneaux de noix
- 1 cube de bouillon de légumes
- 150 g de haricots verts
- ½ grenade
- ½ orange
- 5 cl d'huile d'olive
- 3 branches de coriandre
- Sel, poivre du moulin

× Pressez le citron et l'orange séparément.

× Équeutez les haricots. Faites bouillir une casserole d'eau avec le bouillon de légumes.

× Ajoutez les blancs de poulet, laissez cuire 10 min sur feu doux. Sortez les blancs de poulet, mettez les haricots verts à la place, pendant 10 min sur feu moyen.

× Mixez les cerneaux de noix dans le bol d'un minirobot avec le jus de citron, les feuilles de coriandre, du sel et du poivre pour obtenir le pesto.

× Réalisez la vinaigrette en mélangeant au fouet le jus d'orange, l'huile d'olive, du sel et du poivre.

× Égrenez la grenade, mélangez les grains avec les haricots verts et la vinaigrette à l'orange.

× Faites griller les blancs de poulet 5 min de chaque côté sur un gril en fonte.

× Servez avec la salade de haricots à la grenade et le pesto.

# SANDWICH D'OMELETTE AUX TOMATES CONFITES

Pour **2 personnes**

Préparation : **20 min**
Cuisson : **25 min**

- 3 œufs bio
- 1 belle pomme de terre
- ½ verre de lait
- 1 petite boule de mozzarella
- 3 cuillerées à soupe de parmesan râpé
- 5 pétales de tomates confites à l'huile
- 1 branche de céleri
- 100 g de mâche
- 2 cuillerées à soupe de vinaigre de framboise
- 5 cl d'huile d'olive
- 1 petite branche de romarin
- 1 pincée de curcuma
- Sel, poivre du moulin

✕ Épluchez et lavez la pomme de terre, coupez-la en petits cubes.

✕ Faites-les sauter 10 à 15 min dans une poêle avec la moitié de l'huile d'olive les brindilles de romarin, du sel et du poivre.

✕ Battez les œufs dans un bol avec le lait, le parmesan, du sel et du poivre.

✕ Versez le tout dans la poêle quand les cubes de pomme de terre sont cuits.

✕ Laissez mijoter 5 min sur feu moyen, retournez délicatement l'omelette avec une assiette puis cuisez-la encore 5 min de l'autre côté.

✕ Débarrassez l'omelette sur une planche de cuisine, découpez quatre ronds à l'aide d'un emporte-pièce.

✕ Égouttez les tomates confites, coupez la mozzarella en tranches.

✕ Répartissez les pétales de tomates confites et les tranches de mozzarella sur la moitié des ronds d'omelette, déposez les autres dessus pour former un sandwich.

✕ Épluchez et émincez le céleri.

✕ Réalisez une vinaigrette avec le vinaigre de framboise, le reste de l'huile d'olive, le curcuma, du sel et du poivre.

✕ Mélangez la mâche avec le céleri, assaisonnez avec la vinaigrette et dégustez le tout avec le sandwich à l'omelette.

✕ Vous pouvez savourer le sandwich froid ou chaud en le réchauffant 2 min au micro-ondes.

# TOAST ITALIEN, SALADE DE BETTERAVES AUX NOISETTES TORRÉFIÉES

Pour **2 personnes**

Préparation : **20 min**
Pas de cuisson

- 4 tranches de pain de mie aux céréales
- 150 g de gorgonzola doux
- 70 g de coppa coupée en fines tranches
- 2 belles figues fraîches (ou séchées hors saison)
- 1 petite poignée de roquette
- 1 petite betterave cuite
- 40 g de radis noir
- 25 g de noisettes
- Quelques brins de ciboulette
- 3 cuillerées à soupe de vinaigre balsamique
- 3 cuillerées à soupe d'huile d'olive
- Sel, poivre du moulin

× Préparez la salade. Concassez grossièrement les noisettes, faites-les torréfier 3 min dans une poêle chaude.

× Épluchez et coupez la betterave en petits cubes. Épluchez le radis noir, coupez-le en tranches fines.

× Mélangez le vinaigre balsamique dans un bol avec du sel et du poivre, ajoutez l'huile d'olive en fouettant.

× Incorporez les cubes de betterave dans un grand bol avec les tranches de radis noir, la ciboulette ciselée et la vinaigrette, réservez au frais.

× Toastez les tranches de pain de mie.

× Coupez les figues en tranches.

× Tartinez les tranches de pain avec le gorgonzola.

× Répartissez les tranches de coppa et de figue dessus, parsemez avec quelques feuilles de roquette.

× Posez les tranches les unes sur les autres pour former les sandwichs et dégustez avec la salade de betteraves et de radis noir.

# FARFALLE AUX FÈVES, LARDONS FUMÉS ET PECORINO

Pour **2 personnes**

Préparation : **20 min**
Cuisson : **18 min**

- 200 g de pâtes farfalle
- 150 g de fèves épluchées
- 80 g de lardons fumés
- 3 cuillerées à soupe de pecorino râpé
- 1 petite échalote
- 1 cuillerée à soupe d'aneth frais haché
- 2 cuillerées à soupe d'huile d'olive
- 2 pincées de peperoncino en poudre (piment)
- Sel, poivre du moulin

x Épluchez et hachez l'échalote. Faites-la fondre 2 min dans une poêle avec l'huile d'olive.

x Ajoutez les lardons, laissez-les rissoler 3 min sur feu vif.

x Faites cuire les farfalle dans une casserole d'eau bouillante salée, le temps indiqué sur le paquet ; 4 min avant la fin de cuisson, ajoutez les fèves avec les pâtes.

x Égouttez les pâtes et les fèves dans une passoire en gardant un peu d'eau de cuisson.

x Mettez les pâtes et les fèves dans la poêle avec les lardons.
x Mélangez, ajoutez le pecorino râpé, le peperoncino, l'eau de cuisson des pâtes et le poivre.

x Laissez chauffer 3 min, la sauce doit être onctueuse.

x Laissez refroidir, parsemez d'aneth haché et arrosez avec un filet d'huile d'olive avant de déguster.

settimane del
Travers trascor
negli studi Di
Saving Mr. Banks, il
John Lee Hancock pre-
sentato ieri a Londra, racconta
il momento culminante della

DELL

# YOGOURT AUX ÉPICES

Pour **2 personnes**

Préparation : **10 min**
Pas de cuisson

- 250 g de yogourt grec
- 2 cuillerées à soupe de miel
- 40 g d'amandes entières
- 3 graines de cardamome
- Une pincée de safran en poudre

x Ouvrez les graines de cardamome, récupérez les mini-graines noires à l'intérieur.

x Mixez-les avec les amandes à l'aide d'un minirobot.

x Mélangez le yogourt dans un récipient avec le miel et le safran.

x Répartissez le mélange au yogourt dans des coupelles individuelles.

x Parsemez la surface d'amandes à la cardamome et dégustez avec un fruit de saison.

# MOUSSE AUX FRUITS DES BOIS

Pour **2 personnes**

Préparation : **20 min**
Cuisson : **3 min**
Réfrigération : **1 h**

- 100 g de fraises
- 50 g de chocolat blanc
- 12,5 cl de crème liquide
- 1 cuillerée à soupe de vodka
- 5 g d'agar-agar en poudre
- ½ citron bio
- 100 g de cantucci (biscuits secs italiens aux amandes)

x Mettez le chocolat blanc à fondre au bain-marie dans un bol.

x Lavez et zestez le citron.

x Lavez et équeutez les fraises, coupez-les en morceaux.

x Mettez-les dans une casserole avec la poudre d'agar-agar, les zestes du citron et la vodka.

x Faites cuire 2 min sur feu moyen. Éteignez le feu, laissez refroidir.

x Fouettez la crème en chantilly bien ferme.

x Incorporez-la avec le chocolat fondu puis ajoutez les fraises en mélangeant délicatement.

x Versez la mousse dans des pots ou des ramequins, placez-les au moins 1 h au frais.

x Servez les mousses accompagnées de cantucci.

# PANNA COTTA AU CAFÉ

Pour **2 personnes**

Préparation : **15 min**
Cuisson : **5 min**
Réfrigération : **2 h**

- 25 cl de crème liquide
- 20 cl de café
- 50 g de sucre
- 4 g de feuilles de gélatine
- ½ gousse de vanille
- 50 g de chocolat noir

x Faites tremper les feuilles de gélatine dans l'eau froide.

x Versez la crème liquide dans une casserole.

x Ajoutez 12 à 15 cl de café, le sucre et l'intérieur de la gousse de vanille.

x Placez la casserole sur feu doux, portez à ébullition 2 min.

x Hors du feu, ajoutez les feuilles de gélatine égouttées, mélangez, laissez refroidir.

x Versez la préparation dans des ramequins, placez-les au frais au moins 2 h.

x Hachez le chocolat au couteau. Faites-le fondre au bain-marie avec le reste de café.

x Mélangez pour obtenir une sauce chocolat lisse.

x Servez avec la panna cotta.

# MON *amie* A INVITÉ POUR LA PREMIÈRE FOIS
# SON AMOUREUX

# ELLE A BESOIN D'UN DÎNER ROMANTIQUE ET PARFAIT !

MAURIZIA ET MOI, NOUS SOMMES TOTALEMENT DIFFÉRENTES. À L'AISE DANS TOUTES LES SITUATIONS, SÛRE D'ELLE, ELLE ADORE SÉDUIRE. QUANT À MOI QUI SUIS PLUS RÉSERVÉE, J'AI TENDANCE PARFOIS À LUI FAIRE LA MORALE... SANS COMPLEXE, ELLE NOUE FACILEMENT DES RELATIONS ET ELLE ACCEPTE MÊME DES RENDEZ-VOUS AVEC DES GENS QU'ELLE CONNAÎT À PEINE ! MOI, L'ÉTERNELLE INQUIÈTE, JE LUI DEMANDE OÙ ELLE VA, JE LA HARCÈLE DE SMS POUR M'ASSURER QUE TOUT VA BIEN... MAURIZIA EST UNE VRAIE AVENTURIÈRE, CAPABLE DE PARTIR SEULE À L'AUTRE BOUT DU MONDE SUR UN COUP DE TÊTE, MAIS EN EMPORTANT TOUJOURS AVEC ELLE SES PRÉCIEUX BOUQUINS QU'ELLE DÉVORE AVIDEMENT L'UN APRÈS L'AUTRE. D'AILLEURS, C'EST ELLE QUI M'A DONNÉ LE GOÛT DE LA LECTURE. COMBIEN DE VOYAGES AVONS-NOUS FAITS ENSEMBLE ? UN JOUR, ELLE M'A MÊME EMBARQUÉE DANS UN RALLYE... NOUS SOMMES ARRIVÉES BONNES DERNIÈRES, MAIS ON NOUS A REMIS LE PRIX DE L'HUMOUR ET DE L'AUDACE ! IL NE SE PASSE PAS UN MOIS SANS QUE L'ON SE VOIE. QUAND JE VAIS À ROME, ELLE EST AUX PETITS SOINS AVEC MOI ET ELLE ME PRÉPARE MES PLATS PRÉFÉRÉS. IL FAUT DIRE QUE MAURIZIA EST UN CORDON-BLEU. EN CUISINE, ELLE NE LAISSE RIEN AU HASARD, ET ORGANISER UNE RÉCEPTION POUR SOIXANTE CONVIVES NE LUI FAIT PAS PEUR. POURTANT, COMME TOUT LE MONDE, ELLE A UN TALON D'ACHILLE. LORSQU'ELLE EST AMOUREUSE ET QU'ELLE INVITE À DÎNER SON PRINCE CHARMANT POUR LA PREMIÈRE FOIS, ELLE PERD TOUS SES MOYENS ! ALORS JE VOLE À SON SECOURS. MOI QUI PARTAGE DEPUIS VINGT-QUATRE ANS MA VIE AVEC L'HOMME QUE J'AIME, JE SUIS IMBATTABLE POUR LUI DONNER DE BONNES IDÉES DE RECETTES PLEINES DE CHARME, PARFAITES POUR UNE SOIRÉE À DEUX. ALLEZ, EN CUISINE, MIA BELLA !

# FREGOLA CON ARSELLE (PÂTES AUX PALOURDES)

Pour **2 personnes**

Préparation : **30 min**
Cuisson : **40 min**

- 200 g de pâtes fregola
- 800 g de palourdes extra-fraîches
- 15 cl de coulis de tomates
- 80 cl de bouillon de crustacés (Ariaké)
- 1 bouquet de persil
- 2 gousses d'ail
- 5 cl d'huile d'olive
- Sel, poivre du moulin

× Lavez les palourdes.

× Faites revenir une gousse d'ail entière non épluchée 2 min dans une cocotte avec la moitié de l'huile d'olive.

× Ajoutez les palourdes, couvrez la cocotte, laissez cuire 6 à 8 min sur feu vif.

× Éteignez le feu, laissez refroidir les palourdes puis décortiquez-les. Gardez quelques palourdes non décortiquées pour décorer les assiettes.

× Filtrez le jus de cuisson des palourdes.

× Épluchez et hachez la deuxième gousse d'ail, lavez et hachez le persil.

× Faites revenir 2 min sur feu moyen l'ail et le persil haché dans une sauteuse avec le reste de l'huile d'olive.

× Ajoutez le coulis de tomates, portez à ébullition puis ajoutez la moitié du bouillon. Laissez bouillir 2 min, versez les fregola dans la sauteuse.

× Salez, poivrez, laissez cuire 20 à 25 min sur feu moyen et remuez régulièrement tout en ajoutant le reste du bouillon au fur et à mesure afin que les pâtes l'absorbent.

× Une fois cuites, ajoutez les palourdes décortiquées dans la sauteuse.

× Répartissez les fregola dans des assiettes, décorez avec les palourdes entières, parsemez de persil haché et ajoutez un filet d'huile d'olive. Dégustez en pensant à moi !

# MA SALADE DE FRUITS DE MER

Pour **2 personnes**

Préparation : **1 h**
Cuisson : **10 min**

- 2 filets de bar sans peau ni arêtes
- 80 g de tentacules de poulpe cuits
- 250 g de moules
- 2 grosses langoustines
- 1 friselle (pain sec italien)
- 1 petite endive
- 1 petite salade trévise
- ½ branche de céleri
- ¼ de bulbe de fenouil
- ½ carotte
- 8 radis
- 4 tomates cerises
- 2 olives noires dénoyautées
- 2 olives vertes dénoyautées
- 1 cuillerée à café de câpres
- 5 cl de jus d'orange
- 2 cuillerées à soupe de marsala sec
- 40 cl de fumet de poisson (Ariaké)
- 5 cl d'huile d'olive
- 2 cuillerées à soupe de crème de balsamique
- 1 cuillerée à café de moutarde
- Sel, poivre du moulin

✕ Faites cuire les moules 5 min sur feu vif dans une casserole avec un filet d'huile d'olive.

✕ Laissez-les refroidir et décortiquez-les.

✕ Faites bouillir le fumet de poisson puis mettez-y les filets de bar à pocher pendant 2 min.

✕ Égouttez-les, laissez-les refroidir puis émiettez les chairs.

✕ Coupez les poulpes en morceaux.

✕ Faites cuire les langoustines 3 min dans une casserole d'eau bouillante salée. Rafraîchissez-les, décortiquez-les.

✕ Rassemblez tous les poissons et fruits de mer dans un récipient large, arrosez-les avec la moitié de l'huile d'olive, salez, poivrez.

✕ Mettez la friselle dans un bol avec le jus d'orange et le marsala. Laissez-la s'imbiber puis émiettez-la.

✕ Épluchez et lavez les légumes, taillez-les en fines tranches.

✕ Émincez l'endive et la trévise.

✕ Réalisez une vinaigrette dans un saladier avec la crème de balsamique, le reste de l'huile d'olive, la moutarde, du sel et du poivre.

✕ Mélangez les légumes dans le saladier avec la vinaigrette, les olives, les câpres et les miettes de friselle.

✕ Répartissez la salade dans les assiettes, déposez les poissons et fruits de mer dessus et dégustez.

# ARTICHAUTS FARCIS AU RIZ

Pour **2 personnes**

Préparation : **35 min**
Cuisson : **1 h 05**

- 2 gros artichauts
- 30 g de riz carnaroli
- 2 petits oignons nouveaux
- ½ gousse d'ail
- 10 cl de vin blanc
- 30 cl de bouillon de volaille
- 1 œuf bio
- ½ citron bio
- 1 grosse cuillerée à soupe de yogourt grec
- 2 feuilles de menthe fraîche
- 1 brin de marjolaine
- 5 cl d'huile d'olive
- Sel, poivre du moulin

× Retirez les feuilles les plus dures et les queues des artichauts. Coupez les bords avec un couteau, creusez le centre avec une cuillère pour retirer le foin.

× Faites cuire les cœurs d'artichaut 15 min dans une casserole d'eau bouillante salée avec le jus du citron.

× Faites chauffer le bouillon de volaille dans une casserole.

× Épluchez et hachez les petits oignons, gardez la partie verte des tiges. Faites-les fondre 2 min dans une casserole avec la moitié de l'huile d'olive sur feu moyen.

× Ajoutez le riz, nacrez-le dans l'huile. Versez la moitié du vin blanc, portez à ébullition 2 min puis ajoutez le bouillon très chaud au fur et à mesure, en laissant cuire pendant 15 min environ.

× Hors du feu, ajoutez la marjolaine hachée dans le riz.

× Préchauffez le four à 180 °C, thermostat 6.

× Fouettez l'œuf dans un bol avec le yogourt, du sel et du poivre. Garnissez les cœurs d'artichaut avec le riz.

× Émincez les tiges des petits oignons et l'ail. Faites-les fondre 2 min dans un plat allant au four avec le reste de l'huile d'olive.

× Déposez les cœurs d'artichaut farcis dessus, versez le vin restant et un petit verre d'eau. Couvrez avec une feuille de papier aluminium, mettez-les à cuire 15 min au four.

× Au bout de 15 min, versez l'œuf battu dessus puis remettez-les à cuire 15 min.

× Sortez-les du four, parsemez de menthe fraîche ciselée et dégustez.

# SAINT-JACQUES RÔTIES, CRÈME DE PANAIS

Pour **2 personnes**

Préparation : **20 min**
Cuisson : **40 min**

- 6 noix de Saint-Jacques
- 6 tranches de lardo di Colonnata
- 2 panais
- ½ pomme verte
- 20 cl de crème liquide
- 30 g de beurre
- 2 cuillerées à soupe d'huile d'olive
- Quelques brins de ciboulette
- Sel, poivre du moulin

× Épluchez, lavez et coupez les panais en morceaux.

× Faites-les cuire 20 min dans une casserole d'eau bouillante salée.

× Égouttez-les dans une passoire.

× Plongez-les dans une autre casserole avec la crème liquide et la pomme verte lavée et coupée en morceaux. Salez, poivrez.

× Laissez cuire 20 min sur feu moyen.

× Hors du feu, mixez les panais et la pomme en incorporant le beurre froid en petits morceaux.

× Saisissez les noix de Saint-Jacques 1 min de chaque côté dans une poêle avec l'huile d'olive sur feu vif, salez, poivrez.

× Dressez la crème de panais dans les assiettes avec les noix de Saint-Jacques.

× Déposez les tranches de lardo di Colonnata sur les Saint-Jacques, parsemez de ciboulette et servez aussitôt.

# FILETS DE SOLE À LA CRÈME DE CRESSON

Pour **2 personnes**

Préparation : **20 min**
Cuisson : **30 min**

- 4 beaux filets de sole
- 50 g de semoule fine à couscous
- 1 œuf
- 150 g de cresson
- 8 asperges vertes
- 1 échalote
- 25 cl de bouillon de volaille
- ½ citron bio
- 1 petit morceau de gingembre frais
- 3 cuillerées à soupe d'huile de tournesol
- 20 g de beurre
- Sel, poivre du moulin

× Nettoyez les asperges, conservez les pointes.

× Faites-en cuire la moitié 5 min dans une casserole d'eau bouillante salée, rafraîchissez-les dans l'eau froide.

× Épluchez et hachez l'échalote et le gingembre.

× Faites-les fondre 2 min dans une casserole avec le beurre.

× Ajoutez le cresson et les pointes d'asperge.

× Versez le bouillon de volaille, salez, poivrez, et laissez cuire 15 à 20 min puis mixez pour obtenir un velouté légèrement épais.

× Assaisonnez et roulez les filets de sole, maintenez-les avec une pique en bois puis passez-les dans l'œuf battu et la semoule.

× Faites-les cuire 3 à 4 min de chaque côté dans une poêle avec l'huile de tournesol.

× Versez le velouté de cresson et d'asperge, déposez les filets de sole dessus.

× Zestez le citron sur les assiettes, décorez avec les pointes d'asperge cuites et servez aussitôt.

# FILET DE BŒUF EN CROÛTE ET TOMBÉE D'ÉPINARDS

Pour **2 personnes**

Préparation : **30 min**
Cuisson : **40 min**
Repos : **2 h**

- 400 g de filet de bœuf
- 150 g de pâte feuilletée
- 100 g de cèpes
- 1 échalote
- 1 gousse d'ail
- 1 œuf
- 600 g de pousses d'épinard
- 1 cuillerée à soupe de pignons de pin
- 1 cuillerée à soupe de raisins secs blonds
- 1 cuillerée à soupe de parmesan râpé
- 5 cl d'huile d'olive
- 30 g de beurre
- Sel, poivre du moulin

× Nettoyez, lavez et coupez les cèpes en lamelles.

× Épluchez et hachez l'ail et l'échalote. Faites-les fondre 2 min dans une poêle avec la moitié de l'huile d'olive.

× Ajoutez les cèpes, salez, poivrez, laissez cuire 10 min sur feu moyen jusqu'à ce qu'il n'y ait plus d'eau.

× Assaisonnez le filet de bœuf, faites-le saisir sur toutes ses faces dans une poêle avec une cuillerée d'huile d'olive.

× Posez-le sur une grille, laissez-le refroidir.

× Étalez la pâte feuilletée.

× Disposez un lit de cèpes sur la pâte, posez le filet de bœuf dessus, badigeonnez les bords avec de l'œuf battu à l'aide d'un pinceau puis rabattez la pâte sur le filet de bœuf en serrant légèrement.

× Placez le filet 2 h au frais, puis sortez-le.

× Préchauffez le four à 200 °C, thermostat 6-7.

× Mettez le filet à cuire 15 min pour une viande saignante, 20-25 min pour une viande à point et 30-35 min pour une viande bien cuite.

× Pendant ce temps, lavez les pousses d'épinard.

× Faites-les fondre rapidement dans une sauteuse avec le beurre sur feu vif accompagnées des pignons et des raisins secs.

× Tranchez délicatement le filet de bœuf, servez avec les épinards.

× Au dernier moment, parsemez de parmesan.

UNE TABLE POUR DEUX

# TARTELETTES AUX FRAISES ET AU SABAYON

Pour **2 personnes**

Préparation : **40 min**
Cuisson : **25 min**
Repos : **2 h pour la pâte**

**Pour la pâte**

- 90 g de farine
- 55 g de beurre
- 1 jaune d'œuf
- 30 g de sucre
- Les zestes d'1/4 de citron
- Une pincée de sel

**Pour le sabayon et la garniture**

- 40 g de sucre
- 2 jaunes d'œufs
- 5 cl de marsala
- 3 savoiardi (biscuits à la cuillère)
- 100 g de fraises ciflorettes

× Préparez la pâte. Mélangez le beurre avec le sucre, les zestes de citron et le sel.

× Ajoutez la farine, mélangez. Incorporez le jaune d'œuf.

× Mixez pour obtenir une pâte puis formez une boule, enveloppez-la de papier film et placez-la au moins 2 h au frais.

× Préchauffez le four à 180 °C, thermostat 6.

× Étalez la pâte, chemisez deux moules à tartelette, piquez le fond avec les dents d'une fourchette.

× Faites cuire les fonds de tarte à blanc 15 min au four.

× Sortez les fonds de tarte, laissez-les refroidir.

× Lavez, équeutez et coupez les fraises en deux.

× Réalisez le sabayon. Mettez les jaunes d'œufs, le sucre et la moitié du marsala dans une casserole.

× Faites cuire 8 à 10 min sur feu très doux en fouettant sans cesse jusqu'à l'obtention d'un sabayon crémeux.

× Trempez les savoiardi dans le reste de marsala, déposez-les dans les fonds de tarte.

× Versez le sabayon dessus puis déposez les fraises. Dégustez sans attendre.

# PANNA COTTA À LA ROSE ET AUX LITCHIS

Pour **2 personnes**

Préparation : **30 min**
Cuisson : **3 min**
Réfrigération : **2 h**

- 20 cl de crème liquide
- 25 g de sucre
- 4 litchis
- 60 g de fraises
- 1 cuillerée à soupe d'eau de rose
- 1 feuille de gélatine

- Mettez la feuille de gélatine à tremper dans un bol d'eau froide.
- Lavez, équeutez et coupez les fraises en morceaux.
- Mettez-les dans un bol avec deux litchis, mixez pour obtenir un coulis, passez-le au chinois, réservez au frais.
- Versez la crème et l'eau de rose dans une casserole. Ajoutez le sucre, portez à ébullition 2 min.
- Hors du feu, ajoutez la feuille de gélatine égouttée.
- Laissez refroidir et versez la moitié de la crème dans deux verres ou ramequins.
- Placez-les au frais pour les faire légèrement prendre puis versez le coulis et le reste de la crème.
- Mettez les panna cotta au moins 2 h au frais avant de les déguster.
- Accompagnez-les avec des fraises fraîches et des litchis.

# MOELLEUX AU CHOCOLAT ET AU PIMENT

Pour **2 personnes**

Préparation : **15 min**
Cuisson : **10 min**

- 30 g de farine
- 30 g de beurre
- 50 g de sucre
- 2 œufs
- 75 g de chocolat noir
- 1 pincée de piment d'Espelette
- 1 pincée de sel
- Glace vanille ou chantilly

- Préchauffez le four à 150 °C, thermostat 5.
- Faites fondre le beurre avec le chocolat dans un récipient au bain-marie.
- Séparez les blancs des jaunes d'œufs.
- Mélangez les jaunes dans un récipient avec le sucre.
- Ajoutez la farine et le piment d'Espelette.
- Mélangez puis ajoutez le chocolat et le beurre fondu.
- Montez les blancs en neige bien ferme avec une pincée de sel, incorporez-les au mélange au chocolat.
- Versez la préparation dans des moules individuels beurrés.
- Mettez les moelleux à cuire 10 à 12 min au four, puis sortez-les, laissez-les tiédir et démoulez-les délicatement sur les assiettes.
- Servez avec de la glace vanille ou une chantilly maison.

# INDEX

# TABLE DES MATIÈRES

## ENTRÉES :



## PLATS :

## DESSERTS :

JE VOUS PRÉSENTE MAX,
QUE JE VIENS D'ADOPTER...

# REMERCIEMENTS

ET VOILÀ ARRIVÉ LE MOMENT DES REMERCIEMENTS... AU DÉBUT, JE VOUS AVOUE QUE JE N'AVAIS PAS TRÈS ENVIE D'EN FAIRE... PAR RAPPORT AU PREMIER LIVRE, RIEN, OU PRESQUE, N'AVAIT CHANGÉ : MÊME ÉQUIPE DE CHOC, MÊME SOUTIEN ET MÊME FERVEUR DE LA PART DE MA FAMILLE. JE NE VOULAIS PAS ME RÉPÉTER. PUIS, UN JOUR, JE ME SUIS RETROUVÉE EN TRAIN DE FAIRE LA MORALE À L'UN DE MES FILS, EN LUI EXPLIQUANT À QUEL POINT, DANS LA VIE, IL EST IMPORTANT DE SAVOIR DIRE MERCI, QUE RIEN N'EST RÉALISABLE SANS L'AIDE DES AUTRES, QUE NOUS DEVONS ÊTRE HUMBLE ET QUE, SI UN JOUR ON NE VEUT PAS LE REGRETTER, IL FAUT TOUJOURS SE MONTRER RECONNAISSANT.
EN ITALIEN, ON DIT *GRAZIE*.

*GRAZIE* À MAMMA OTTAVIA QUI, ENCORE AUJOURD'HUI, EST UNE GRANDE SOURCE D'INSPIRATION.
*GRAZIE* À ALESSANDRO, VICTOR, GIACOMO... MES DÉLICIEUX « COBAYES » D'AMOUR.
*GRAZIE* À PAUL, MA DOUCE MOITIÉ DEPUIS VINGT-QUATRE ANS ; SON SOUTIEN QUOTIDIEN EST SI PRÉCIEUX DANS MA VIE.
*GRAZIE* À VALÉRY ET PIERRE-LOUIS QUI, ENCORE UNE FOIS, ONT SU RENDRE MES MOTS EN IMAGES.
*GRAZIE* À DIGLEE QUI A SU IMAGINER LES PORTRAITS DE MES AMIES ET DONNER UNE TOUCHE *GIRLY* À MON LIVRE.
*GRAZIE MILLE* (DOUBLE MERCI) À POM, VÉRONIQUE, YVONNE, MARIE-ANNE, CAROLE, CRISTINA ET MAURIZIA POUR AVOIR INSPIRÉ CE BEAU LIVRE.
MAIS, AVANT TOUT, CE RECUEIL DE RECETTES EST DÉDIÉ À L'AMITIÉ, UNE DES VALEURS LES PLUS IMPORTANTES DE MA VIE... L'AMITIÉ SANS CONCESSION, SANS ATTENTE, SANS JUGEMENT, SANS POISON, CELLE QUE JE PORTE ET QUE TOUS MES AMIS M'APPORTENT CHAQUE JOUR.
MERCI.

Les papiers utilisés dans cet ouvrage
sont issus de forêts durablement gérées.

FSC
www.fsc.org
MIXTE
Papier issu
de sources
responsables
FSC™ C003309

Gravure : APS-Chromostyle
Imprimession : Pollina
Dépôt légal : octobre 2014
N° d'édition: 3443
N° d'impression: L69398
ISBN 978-2-7491-3443-7